シチリア島へ!

南イタリアの楽園をめぐる旅

寺尾佐樹子

角川文庫　11652

文明が交差したシチリアには「世界」が見える一瞬があります

わたしが一留学生として南西ドイツの大学町フライブルク市の土を踏んだのは、もう十年以上も前のこと。かの地でドイツの近現代史の研究をつづけるはずだったのに、その後、イタリア・トスカーナ州のフィレンツェに居を構え、その心はトスカーナさえも飛び越えて、イタリア最南端の島、シチリアのほうばかり向いていいます……。なぜなのでしょう?

そのはっきりとした理由、実はわたしにもわかりかねるのです。というか、イタリア行きの立派な(?)理由を列挙するなんて恥ずかしくて口に出せないというのが本音です。

だから突然ドイツからイタリアに移住した理由も「ほんの気まぐれ」「ドイツの冬が耐えられないほど骨身にしみたから」とでもしておきましょうか。でも、そんな中で、わたしがみずからの行動を正当化するために助けを求めたのが、ゲーテでした。「ドイツの文豪ゲーテだってイタリアに行ったじゃない！」

ゲーテの『イタリア紀行』からもわかるように、彼もある日突然思い立つと、アルプスを越え、イタリアに向かいました。そして、その勢いでシチリアまでやってきたのはご存じのとおり。もっとも旅を終えたゲーテは故国ドイツに帰り、わたしはそのままイタリアに居残ったのですが、ゲーテにしてもわたしにしても、ただただ切実に南の国に行きたかったのです。いや「現実逃避」というべきでしょう。

では広いイタリアの中で、なぜシチリアでなくてはいけないのか。これにははっきりとした一つの回答が見いだせます。

「圧倒的に美しかったから」

もうこれだけで十分な理由になるでしょう。サン・レモでもヴェネツィアでもナポリでも、海はイタリアじゅうどこへ行っても見られます。でもシチリアから見る海はイタリアの海であると同時に、文明の海・地中海そのものなのです。対岸はアフリカ大陸を望み、古代ギリシャの息吹を感じ、いにしえの大国スペインを思い、そして現在進行形のイスラムが隣り合わせの地中海……。

多様な文明が行き交った地中海は、今でも文明の複合体です。その地中海のまん中に浮かぶシチリアこそ、イタリアはもとよりヨーロッパがけっして単一の閉じた文明圏でないことを教えてくれる、貴重な場所なのです。

それゆえシチリアを訪れると「世界」が見えます。それがたとえ一瞬の錯覚であっても、そんなふうに思える瞬間がとても好きです。その一瞬のためだけに、シチリアにやってきたといっても過言ではありません。

さあ、その「世界」を見る一瞬のためにシチリアに来ませんか。

この本がそのための一助になることを願ってやみません。

寺尾佐樹子

本文デザイン/堀ノ内美子(エム クリエイト)、本文写真/ジュゼッペ・ペトロッツィ、マップ/デザインワークショップジン

SICILIA
ストロンボリ島
サリーナ島
エオーリエ諸島
リパリ島
ヴルカーノ島
MARE TIRRENO
ミラッツォ
メッシーナ
パレルモ
チェファル
バゲリア
モンレアーレ
A20
S113
タオルミーナ
A19
トラパニ
セジェスタ
A18
S114
エトナ山
モツィア
S118
S121
A19
カターニア
マルサーラ
カステルヴェトラーノ
S192
A29
エンナ
S189
カルタニッセッタ
S417
セリヌンテ
シャッカ
S115
S194
アグリジェント
シラクーサ
S115
MARE
ラグーサ
ノート
MEDITERRANEO
S115
モディカ
イギリス
オランダ
ポーランド
ベルギー
ドイツ
ウクライナ
チェコ
スロバキア
フランス
スイス
オーストリア
ハンガリー
ルーマニア
スロベニア
クロアチア
ボスニア
ユーゴスラビア
ブルガリア
イタリア
マケドニア
ルトガル
スペイン
アルバニア
ギリシャ
トルコ
シチリア島
地中海
モロッコ
アルジェリア
チュニジア
リビア
エジプト

第1章 シチリア島なしのイタリアは考えられない！

シチリアっていったいどんな島？

「シチリアなしのイタリアというものは、われわれの心中に何らの表象（＝像）も作らない。シチリアにこそすべてに対する鍵があるのだ」

残念ながらこの言葉はわたし自身のオリジナルではなく、シチリアを訪れた際のドイツの文豪ゲーテのものです。自分の確信を表明するのにしょっぱなから文豪に助けを求めるなど、かなり安直なのですが、この『イタリア紀行』[※注1]の中のゲーテの言葉以上に、わたしのシチリア島への思いを的確に表現してくれる言葉を、ほかに知りません。

北アフリカをも思わせる地中海性の乾いた気候、レモンやオレンジ、天まで届くような背の高い棕櫚《しゅろ》の木、見たこともないような不思議な植物。そんなエキゾチックな風物が訪れる人の気分を高揚させてくれる、南の国シチリア。イタリアと呼ぶにはあまりにエキゾチックで、でもイタリア本土以上にイタリア的。本当に不思議なところです。

ところで、古来イタリアほど芸術家たちの創造力を刺激してきた国はほかにないと言っても、けっして言い過ぎではないでしょう。そしてそんなイタリアの中でも、神話の古代から現代まで、一貫して多くの人々の心を捉え続けた場所となると、それはシチリアをおいてほかにないのでは？　そんなふうに思い込むのは、あまりにも贔屓《ひいき》が過ぎるというものかもしれません。でもシチリアは、そんな思い込みをも許してしまうぐらい、素晴らしく魅力的、かつ驚愕に値する土地なのです。

でも、わたしたち日本人にとってのシチリアって、いったい何なのでしょう？　名前ばかりはやけに有名ですが、その実体はあまり知られていないように思われます。

「シチリアと言えば、やっぱりマフィア」

やはりそう答えてしまう人も、多いのではないでしょうか。それも、しかたのないことなのでしょう。ハリウッド映画や新聞やテレビの報道のせいなのかも……。たとえばアンドレオッティ元首相がマフィア組織との関係を問われて裁判にかけられた事件などは、シチリア発のニュースとして日本でも大きく報道されました。

このニュースからもわかるように、マフィアは今ではシチリアのみならず全イタリアをも巻き込む大きな問題となっているわけですが、現代イタリアの政財界と癒着するマフィアの故郷は、残念ながらシチリア島。でも悪名高いマフィアだけが、まるでシチリアの代表のような顔をしてひとり歩きをしてしまい、豊かで多様なシチリアの本当の姿が隠れたままでいるのは、いかにも残念。もちろん、一部のシチリア人のように、「シチリアにマフィアなど存在しない」とは言いません。かといってマフィアだけが、シチリアのすべてであろうはずもない。

それに加えて日本とシチリアを疎遠にしているのは、シチリア島の位置でしょう。イタリアを訪れる日本からの観光客も、ローマ、フィレンツェ、ヴェネツィアにこそ行け、シチリアは素通りです。確かにイタリアの主要な観光地から距離もありますし、最近まではイタリア人にとってさえ、シチリアは遠い島でした。いつも駆け足旅行を強いられている日本人観光客にとっては、なおさらのこと。イタリア旅行のついでに、「ちょっと足をのばせる」距離ではありません。シチリアに行こうと思ったら、かなりの気合いを入れなければならなかったのも、また事実。延々と列車に揺られながらフェリーでメッシーナ海峡を越えるか、あるいはシチリアのどこかの都会まで船旅にするか……。難行苦行の旅自体が目的にでもなっていない限り、なかなかシチリアまではたどり着けなかったものでした。

でも気をつけてアンテナを張っていると、日本にいても、けっこういろいろなシチリアを体験できるものなのです。そんなシチリア疑似体験の筆頭は、映画かもしれません。

アメリカ映画でもシチリアの匂いを感じさせるものはかなりあります。たとえば、かの『ゴッドファーザー』。ニューヨークのマフィア抗争を描く名作ですが、アメリカのマフィアがシチリアにそのルーツを持つことを、世に広く知らしめた作品でもあります。主人公の故郷コルレオーネは、マフィアの里として世界的に有名になってしまいました。実際コルレオーネ・マフィアといえば、現在のイタリアでも泣く子も黙る存在ですから、この解釈、あながち嘘ではありません。

一九八〇年代には山賊サルヴァトーレ・ジュリアーノの生涯を描いた『シシリアン』なる映画もあったようですが、これらのハリウッド映画は、要するにマフィア映画ですから、シチリアの過去と現在を的確に伝えているとは、とても思えません。

それに反して、今日に至るまでのイタリア映画の名作は、その時々のシチリアの姿を教えてくれます。すぐに頭に浮かぶだけでも、かなりの数の名作があるはず……。**ネオ・レアリスモ**[※注2]系ではロッセリーニの『ストロンボリ』、ヴィスコンティの『揺れる大地』など。当時のシチリアの現実を描くことによって、南イタリアの貧困と後進性を弾劾していました。そしてネオ・レアリスモから離脱したヴィスコンティ中期の作品『山猫』は、シチリア物の最高傑作と言っても、けっして言い過ぎではありません。シチリア出身の作家ジュゼッペ・トマージ・ディ・ランペドゥーサの同名の作品を映画化したものですが、シチリアの歴史から自然、そして心性までを短い時間でくまなく見せてくれるので、シチリア入門にも打ってつけの作品です。

その他、印象に残っているものでは、タヴィアーニ兄弟監督の『カオス・シチリア物語』。アグリジェント出身の作家ピランデッロの原作です。美しい映像はもちろんのこと、十九世紀後半の激動の時代を生きるシチリアの農民の暮らし、そしてその歴史を、タヴィアーニ兄弟はけっして陳腐なリリシズムに陥ることなく、美しくも知的に描き出していました。

青い海と古代遺跡…今も昔も変わらず旅人の心を捉える風景

最近の作品では、トルナトーレ監督の『ニュー・シネマ・パラダイス』とか『明日を夢見て』なども、かなり成功をおさめたようです。ただ、あれは作者の映画への愛情を描いたもので、シチリア人の監督がシチリアを描いたにもかかわらず、シチリアを主役に据えてはいないような気もするのですが……。もちろん映画としては素晴らしい出来なのでしょうし、シチリア独特の光の色を見せてくれる点、たいへん貴重な映像です。ナンニ・モレッティ監督の『親愛なる日記』に出てきたエオーリエ諸島も、またなかなかよかった……。

ともかく映画好きにとっては、案外身近なシチリアの風景。映画を見ながら知らず知らずのうちに、けっこうシチリア通になっているのかもしれません。

それに加えて日本とシチリアの間には、意外と古いお付き合いもあったのです。明治時代にパレルモへ渡った日本女性がいたと言ったら、意外に思われるでしょうか。西洋美術教育機関として日本政府により設置された工部美術学校に招聘《しょうへい》されていたイタリア人彫刻家ヴィンチェンツォ・ラグーザの妻、清原玉夫人がその人です。一八八二年（明治一五年）に任地日本をあとにする夫とともにパレルモに渡った玉夫人は、夫の死後も異郷でひとり暮らしを続けます。一九三三年の帰国まで、約五〇年の長い歳月をパレルモで暮らし、自身も女流画家として多くの展覧会で入選を果たしました。

にもかかわらず、まだまだ存在するシチリアと日本の間の距離……。かといって、両者の間に別に心理的な垣根があるわけではありません。ただ単に「ローマから、ちょっと遠いわね」という程度の、物理的な距離があるだけなのですから。

それにここイタリアでも、最近の航空路線の発達は目覚ましいものがあります。ローマ、ミラノのみならず、各地方都市からも、簡単に飛行機でシチリアまで行ける時代。そんな事情もあり、シチリアと日本の間の距離も、ぐっと縮まってきました。シチリアは、もう遠い島ではありません。もしイタリアにお出かけの予定なら、シチリアまでちょっと足をのばしてみませんか。イタリアの知られざる一面を、もっとよく理解するためにも、きっと実り多い旅になることでしょう。

8ページの地図をご覧ください。地中海のまんまん中に、シチリア島が見つかるはずです。イタリア半島とチュニジアにまるではさまれるように位置するシチリアは、文明揺籃の海と呼ばれる地中海の最大の島でもあります。ヨーロッパよりも、むしろアフリカとのあまりの近さに驚かれるかもしれません。ヨーロッパからも、アフリカからも、そしてアジアからも簡単にアクセスできる、こういった地理的な特殊性こそが、シチリアを「文明の十字路」たらしめた所以《ゆえん》なのでしょう。

そんな地理的条件もあり、ここシチリアは古代から多くの民族の通り道でもありました。シチリアを通って行った人々がそれぞれに、自分たちの文明の足跡をこの島に残していったのですね。シチリアを題材にした数多くの神話や文学作品も、またその歴史の証人といえるのでしょう。

たとえば古代ギリシャの代表的詩人ホメロスの作といわれる『オデュッセイア』（オデッセーあるいはユリシーズ）。かの「トロイの木馬」を考案し、長い戦いをギリシャの勝利へと導いたギリシャの智将オデュッセウスは、トロイア戦争から故郷イタカに帰還する途上、海神ポセイドンの怒りを買ってしまいます。そのためトロイアから故郷への海路をさまよう運命を負わされ、そこに彼の有名な冒険譚が始まるわけです。その航路に関しては白夜に酷似した現象が語られているところから、「北極圏まで行ったのではないか」という説があるほど謎に満ちていますが、彼が故郷へ帰還する途中、大海原や怪物たちを相手に悪戦苦闘した舞台が、今のシチリアだったといわれています。

　オデュッセウスとは、もちろん古代ギリシャの吟遊詩人によってうたわれた叙事詩の主人公で、実在の人物であろうはずがありません。だからこのエピソードには何の歴史的根拠もないのだけれど、読む者の創造力を刺激する、実にロマンチックなおとぎ話です。

　神話と叙事詩の世界を別にしても、シチリアはギリシャ・ローマ世界の都市国家としても、後世にその名を残しています。山と雲のかけ橋の下に建ち、悠久の時を感じさせるセジェスタの神殿。高き列柱が立ち並ぶセリヌンテの遺跡。そしてギリシャ本土から哲学者のプラトンも訪れ、アルキメデスが生まれ、彼の考案した兵器がローマ帝国を向こうに回した**ポエニ戦争**[※注3]でその威力を発揮した舞台は、シチリア東部のギリシャ都市国家シラクーサでした。当時のシチリアに点在したギリシャ植民市は、ギリシャ本土以上の繁栄を謳歌したことでも知られています。

　その後シチリアはローマ帝国の属州となり、ローマ没落後の混乱時代を経て、それまでとはまったく異質なイスラムの支配下に入ります。ここで初めて現在の州都パレルモが、歴史の表舞台に登場してくるわけです。

　八三一年チュニジアからイスラム勢力が侵入して、パレルモをその支配下におきました。かの地にアラブ風のエキゾチックな建物が多いのも、それでうなずけるというもの。その証拠に、当時のアラブの歴史家、地理学者の記述の中にもしばしばパレルモは顔を出します。彼等の言葉によると、当時のパレルモはコルドヴァやカイロに劣らぬイスラム圏西部の重要な都だったそうで、「西のメディナ[※注4]」とも称せられていました。これを端緒にパレルモは、今日に至るまで島の中心地として栄え続けることになります。前方に良港を、そして肥沃な後背地を持つ地理的条件も、その繁栄に大きく貢献したのでしょう。

そしてイスラムに続くのが、ノルマン人の侵入。ノルマン侵攻といえば一〇六六年のイングランドへのそれが有名ですが、卓越した海の民であった彼等が渡っていったのは、なにもブリテン島だけではありません。ノルマンディーをあとにして、南イタリアにその進路を進めたアルタヴィッラ家は（フランス語ではオートヴィル家。でもここは一応シチリアの話でもあるし、イタリア語読みで「アルタヴィッラ」としておきましょう）、一〇九一年ついにシチリア全土をその勢力下におくのに成功します。

シチリアに渡ったノルマン人の偉いところは、アラブ系の被征服民を追放したり弾圧したりすることなく、むしろ彼等を積極的に行政に登用し、その高度な文化を吸収していったところでしょう。どうもこのあたりにその後のパレルモの発展の鍵があるようです。当時のアラブ世界は科学、行政、文学、哲学と、どの領域をとっても、ヨーロッパより遥かに進んだ文化を持っていました。宗教的ファナティシズム（狂信）とは無縁で、かつ先見の明のあったノルマン人が、そんなイスラム文化に目をつけないはずがありません。

スイスの歴史家ブルクハルトが「玉座についた最初の近代人」と呼んだ、ドイツ皇帝にしてシチリア王フェデリーコ二世（彼の名もドイツ語だと「フリードリヒ」となりますが、これもイタリア風に統一しましょう）のような名君を生んだ土壌も、そんなところから育まれたのでしょう。彼はアルタヴィッラ家最後の後継者コスタンツァ王女と、ホーエンシュタウフェン家出身の神聖ローマ帝国皇帝ハインリヒ六世の間に生まれ、その結果、ドイツとシチリアを中心とした南イタリアの支配者となりました。ドイツ皇帝であったにもかかわらず、フェデリーコはパレルモの宮廷をどこよりも愛し、その結果、詩人でもあった彼のもと、パレルモの宮廷はその黄金時代を迎えることになったのです。

ところが文明の十字路たるシチリアの歴史は、残念ながらその後も安定を見るには至りませんでした。これがあとに続く「シチリアの悲劇」の始まりなのでしょう。歴史に「もし……」は禁物だけれど、「もし」シチリアのノルマン支配が続いていたとしたら、シチリアは今とはまるで違った姿をわたしたちに見せていたかもしれません。ノルマン諸王の進めた国政の中央集権化と整備された行政機構は、近代的な国民国家としてのイタリアの覚醒を早め、南イタリアを西欧と肩を並べる大国にしていたかもしれないのです。

しかしながら、文明の十字路に位置することは、また同時に、新たな侵略の歴史に甘んじることでもあり、ノルマン人のような賢明な人種が侵略者であった場合はまだよかったのですが、その後の侵略者たちはシチリアにいいことばかりをもたらしたわけではありません。フェデリーコ二世の死後やって来たフランス人はシチリア全土で圧政の限りを尽くし、それに耐えかねた島民はついに一二八二年反乱を起こして、フランス人に叛旗をひるがえします。これがヴェルディのオペラでも有名な「シチリア島の晩鐘」の反乱です。夕べの鐘の音を合図に一斉に蜂起したといわれていますが、実際のところはそれほど綿密に計画された反乱ではなさそうです。

フランス人を追い出すために助けを求めた先が、スペインのアラゴン王国。めでたくフランス人を追い出してくれたのはいいのですが、スペイン人は案の定その後もシチリアに居すわって、彼の地に過酷な植民地支配を敷きました。ローマ教皇ベネディクト七世から正式に封土としてシチリアの支配権を受け取ったのだから、蛮族の侵入とは訳が違うけれど、やっぱりこれも一種の侵略には変わりないでしょう。これは、日本でいえば鎌倉時代末期から建武中興を経た南北朝時代のことです。

一方、アルプスの北に目を向けると、英仏は内乱や戦争を繰り返しながらも次第に国民国家の形成に向かっていった時期、つまり近代への過渡期にあたります。北ヨーロッパ諸国に初期資本主義の萌芽が見られたのもまたこの時期ですが、そんな中でシチリアは、政治的にも経済的にも大きな後退を強いられてしまったのです。

やはりこのスペイン支配こそが、社会経済面でシチリアが常に近代以前にとどまらざるをえなくなった大きな理由の一つなのでしょうか。大土地所有による粗放農業は近代化に不可欠な農村ブルジョワジーの形成を妨げ、貧しさから抜け出せない農村は、今日にまでシチリアの軛《くびき》となっている、たくさんのありがたくない問題の温床になっていったのでした。貧しい農村の支配組織として生まれ、のちに犯罪組織に発展していったのがほかならぬマフィアであり、農村の貧困と抑圧から逃れるように、多くの農民たちが国の内外へ移民としてシチリアを去っていったのです。

一八六一年のイタリア統一まで、シチリアは常に外国支配のもとにあったといっていいでしょう。外国人はこの島にいろいろやっかいな問題を置き土産にしましたが、素晴らしい文明の足跡もたくさん残してくれました。シチリアにろくなものを与えてくれなかったスペイン支配ですら、素晴らしい**バロック様式**※注5の教会建築を贈ってくれたほどです。

付け加えるに、スペイン支配の「つけ」に苦しんでいるのはシチリアだけではありません。たとえば今日の中南米の貧困を考えると、世界的規模でスペインの植民地支配というのは、さまざまな問題を現代にまで残しているようです。もっともここでスペインと事を構えるのはわたしの本意ではないので、このぐらいでやめておきましょう。そういえば中南米にも素晴らしいバロック建築があって、シチリア同様、スペインの栄光の名残りを垣間見ることができます。

そんな諸文明の結晶が、よくも悪くも現在のシチリアなのでしょう。ギリシャ本土よりも保存状態のいい神殿遺跡、パレルモを中心としたアラブ・ノルマン様式のエキゾチックな宮殿を埋めるモザイクの輝き、絢爛《けんらん》豪華な曲線のうねりと襞《ひだ》を誇示するバロック様式の大理石像、そしてこれもまた曲線美の極致といえる**リバティー様式**[※注6]まで、人間の考え出したあらゆる美の結晶が、今も多くの観光客を魅了します。

でも人々をシチリアへいざなうのは、なにも過去の文化と芸術作品だけではありません。圧倒的な自然の美もまた、この島の大きな魅力の一つです。たとえばパレルモを囲むようにして広がるコンカ・ドーロ（「黄金の窪地」の意）。オリーブの木が生い茂り、月桂樹は高くそびえ、レモンやオレンジがたわわに実り、棕櫚の並木が南国的な色彩を添えるパノラマを目の前にすれば、「シチリアに来たんだ！」という実感がきっとわいてくるはず。

タオルミーナの紺碧の海、あるいはギリシャ神殿を中心とした風景は、典型的な乾燥した地中海の風景を思い起こさせるし、反対に内陸部には驢馬《ろば》が霧の中を歩いていそうな黄金の穀倉地帯が広がっていたりして、それもこの島の予想外の肥沃さを教えてくれます。

それに加えてシチリアは有名な火山国でもあるのです。哲学者**エンペドクレス**[※注7]が身を投げたといわれるエトナ山は、今でも白煙を上げることしきり……。ストロンボリ島を擁するエオーリエ諸島も、ティレニア海に浮かぶ火山島の集まり。ストロンボリが闇に包まれるころ、その火口から吹き出す火を眺めるのは、なんともいえず幻想的な体験です。

でも「火山あるところ、必ず地震地帯あり」で、歴史を通じてシチリアは常に地震の被害に見舞われてきました。今世紀に入っても多くの大地震があり、その復興に関する問題は、いまだに解決されずに先送りされ続けているようです。地震国日本に住むわたしたちにとっても、こればかりは対岸の火事と、高みの見物を決め込んではいられません。

こんなにも美しいシチリアですが、一般のイタリア人にとってこの島は、ちょっと複雑な存在です。これにはいわゆるイタリア国内における「南北問題」が絡んでいるので、事はさらに複雑なのでしょう。つまり豊かな北と貧しい南のコントラスト、それに付随する南北間の「人種差別」。豊かな北イタリアの人々は、南の住民に対して、かなりの優越感を抱いているようです。ナポリなどと並んで貧しい南の代表といえるのが、シチリア。その経済的な後進性に加えて、シチリアは世界的に悪名高いマフィアの本拠地でもあります。その経済的に北イタリアのお荷物になっているうえに、外国に対してイタリアのネガティヴなイメージを「宣伝」していると、北の人は考えているのでしょう。

だからわたしがシチリアに行くなどと言おうものなら、「なにをまた好き好んでそんなところに……」とか「防弾チョッキを着て行けよ」などと、意地の悪い冗談を飛ばす人さえいるのですが、それはまったく的はずれなコメントです。

確かにシチリアの一部は「これが先進国サミットの参加国か……」と思わせるような貧困に支配されています。失業率も北イタリアの二倍以上という話ですし、フェリーがメッシーナに着いた途端、あまりの落差にびっくりして逃げて帰ってきたという北イタリア人を、わたし自身少なからず知っています。それでもシチリアは文化の香りに溢れた島ですし、マフィア抗争の流れ弾が飛んでくるなどというのも、とんでもない嘘です。アラブ世界に近いシチリアを、「ヨーロッパの中のイタリア」の一部とは認めたくないのですね。なかなか複雑な、イタリア人の心理ではあります。

そんなわけで、頭からシチリアの存在自体を否定する人が北部、中部には多いのですが、でも逆に、同じイタリア人の中でも「インテリ」と呼ばれている人にとってのシチリアは、やはり文明と文化と芸術の島なのでしょう。

驚くほど多くの過去の文化遺産に溢れる豊饒の島シチリアにもう一つ付け加えるなら、シチリアはそこを訪れる外国の芸術家にとってのミューズ、つまり芸術の女神であっただけではありません。シチリア自身、また多くの偉大な芸術家を生み出しています。特に十九世紀、二十世紀文学の領域ではイタリアの他州にくらべて群を抜いているのではないでしょうか。ノーベル文学賞受賞者のルイジ・ピランデッロを筆頭に、イタリアの自然主義文学を確立したジョヴァンニ・ヴェルガ、ヴィスコンティによって映画化された『山猫』の作者ジュゼッペ・トマージ・ディ・ランペドゥーサ、一貫してマフィアと政界の癒着などシチリア固有の問題を追及し続けた社会派のレオナルド・シャーシャなど、シチリア出身の作家の数を数え上げたら、きりがありません。シチリアの空気の中に、人間の才能を啓発する何かが含まれているのかもしれません。過去の遺産のみならず、シチリアが生んだ多くの芸術家たちが、人々にこの島への尊敬の念を抱かせるのでしょう。シチリアって、奥の深い島なのです。

そしてどうしても忘れてはならないのが、シチリア料理。なんと言っても「地中海式ダイエット」の本家本元です。新鮮な魚介類とパスタ、野菜、果物が主流となっていて、そんな素材を生かすのが、あっさり、さっぱりとした調理法。つまりはシチリアの庶民が昔から口にしていた食べ物が、今では「ヘルシーフード」として世界中でもてはやされているのです。豊富な野菜類のほか、魚ならシチリア沖でとれるイワシ、マグロ、タコなど、日本人とまるで同じようなものを食べていますが、違いはその調理法。同じような素材を使っても、地元特産のオリーブオイルをふんだんに加えることによって、日本料理とは一味も二味も違うコクを料理に与えているのでしょう。

特産の果物も忘れることはできません。有名なオレンジ、レモンなど柑橘類に、シチリア名物の「インド無花果《イチジク》」。シチリアに一歩足を踏み入れるやいなや、いやでもサボテンみたいな不思議な植物の群生が目に飛び込んできますが、そのサボテンの実がインド無花果です。シチリアに行ったら絶対に試してほしい食べ物の一つ。ほっぺたが落ちるほどおいしいものではないけれど、南国気分を盛り上げてくれることは確かでしょう。

(上)サボテンみたいなインド無花果（イチジク）。野生種なので、とげが多い
(下)インド無花果の果実。厚い皮を手でむいて食べる

そんな食卓に花を添えるのが、最近評判のシチリア産の葡萄酒です。南国の照りつける太陽を浴びた葡萄は限りなく糖度を高め、赤にしても白にしても、深みのある芳醇な酒を造り出します。そんな自然条件を生かして、マルサーラ酒などのこれまたアルコール度の高いデザートワインを生み出すシチリア。以前は地元で消費されるテーブルワインの生産が主でしたが、最近ではトスカーナやピエモンテにも負けない銘酒が生み出されているそうです。

そして豊かな食卓を締めくくるのが、あまりにも有名なシチリアのお菓子。食後のデザートとしてはもとより、朝食やおやつにもシチリアのお菓子は欠かせません。さっぱりした甘みに慣れている日本人には、少々甘すぎると感じられるかもしれませんが、そのおいしさは折り紙つき。

シチリアのお菓子の材料で特徴的なのは、リコッタという生チーズを使ったクリームでしょう。リコッタというのはラヴィオーリなどのパスタの詰め物として有名ですが、塩のかわりに砂糖で甘く仕立てると、立派なお菓子の材料になります。そうしてできたクリームの中に特産のドライフルーツを刻み込んで焼き菓子にはさんだり、はたまたそれをアイスクリーム風に仕立ててみたりと、そのヴァリエーションは尽きません。

それから菓子店のウインドーを飾る絢爛豪華なアーモンド菓子「フルッタ・デッラ・マルトラーナ」。どんなものかというと、ひいたアーモンドの粉と砂糖でフルーツや野菜の形を作り、それに色をつけてオーブンで焼いたもので、見た目には本物の果物そっくりです。マルトラーナ修道院の僧たちが作り始めたもので、昔は修道院がこの菓子の専売権を持っていたそうです。そんな歴史のためか、今でも復活祭の時期になると、神の仔羊を形どった大型のアーモンド菓子が並びます。中には本物の仔羊ほどの大きさの物もあり、その飾りつけたるや、もう芸術作品の域に入っていて、とにかく一見の価値があります。それがただ美しいだけではなく、とんでもなくおいしいのがシチリア菓子の凄いところ。まったくシチリアというところ、一事が万事すべてがスペクタクルなのです。

でもまずはシチリアに行っていただかないことには、話になりません。旅の目的は人それぞれ。すべての遺跡、教会を見尽くしたい人もいるでしょうし、シチリアの海辺に長期滞在し、海岸で無為に時を過ごし、おなかがすいたら海の見える浜辺のレストランのテーブルへ赴き、和やかな風に吹かれながら食卓のシチリアを堪能する、そんなゆったりとした旅を望む人もいるでしょう。また時間の都合でツアーでしか来られない人もいるかもしれない。でもどんな旅を望んでも、シチリアは絶対その期待を裏切らないはずです。たいせつなのは、それぞれが自分だけのシチリアを見つけることなのだから……。

ではこのあたりでシチリアへ、あのレモンの花咲く島へ、あなたも出かけてみることにしませんか。

アーモンド菓子フルッタ・デッラ・マルトラーナのインド無花果

ナスのベッカフィーコ。イワシを使うのが正統だけど…

※注1　『イタリア紀行』／一七八六年から八八年にかけてのゲーテのイタリア旅行を綴った、紀行文学の最高傑作。初版は一八一六～一七年。日本では岩波文庫から『イタリア紀行』（上・中・下全三巻、相良守峯訳）として出版されている。
※注2　ネオ・レアリスモ／新現実主義、新写実主義とも。第二次世界大戦後のイタリア映画界を代表する潮流で、現実描写に重きをなす。デ・シーカの『自転車泥棒』などが代表作。
※注3　ポエニ戦争／紀元前二六四～二四一年、前二一八～二〇一年、前一四九～一四六年の三回にわたるローマ帝国とフェニキアの植民市カルタゴとの間の戦争。第二次戦争のカルタゴの名将ハンニバルの象部隊の活躍は有名。
※注4　メディナ／現在のサウジアラビア西部にあるイスラム教の聖地。六二二年のムハンマドによる遷都で、一時首都となる。
※注5　バロック様式／十六世紀後半から十八世紀初頭にかけて、絵画、建築、彫刻、音楽などすべての芸術領域で支配的であった様式。華麗な豪華さを旨とする。
※注6　リバティー様式／フランス語でアール・ヌーヴォー、ドイツ語ではユーゲント・シュティール。十九世紀末ヨーロッパ各地で起こった芸術様式。植物の蔓などの曲線のモチーフを特徴とし、工芸、美術、建築など、芸術の各方面で大きな潮流となった。
※注7　エンペドクレス／紀元前五世紀のアグリジェント生まれの哲学者・政治家。土、水、空気、火の四元素が愛と憎の二つの動因によって結合、分離するところに万物の生成変化があるとした。

第2章　ブレンナー峠を越えて地中海の島へ

ゲーテの『イタリア紀行』に誘われて

オーストリアとイタリアの国境に、ブレンナーという名の峠があります。オーストリアのインスブルックより南へ四〇キロほど下ったところからアルプス山中を抜ける峠道で、古来から南北ヨーロッパを結ぶ交通の要衝であり、現在は墺伊の国境ともなっています。峠を越えるとそこは南チロル。歴史の紆余曲折を経て今日ではイタリア領ですが、ドイツ系の少数民族の住む「イタリアの中のドイツ（正しくはむしろオーストリア）」といえましょう。でもそこをしばらく下り、トレントを過ぎるころになると、いつの間にかイタリア語を話す、本当のイタリアに出ているのに気づくはずです。

南ドイツからの国際列車の大半がこの峠を通ってイタリアに抜けていきますし、一九七四年には「オイローパ・ブリュッケ（ヨーロッパ橋）」と呼ばれる、一〇〇メートル以上はありそうな、とんでもなく高い橋桁を持つ高速道路も開通し、イタリアまでの所要時間を大幅に短縮。今や北ヨーロッパからイタリアへの交通の大動脈となりました。

バカンスシーズンのブレンナーを南下すべくやって来る自動車の列は、夏の風物詩にもなっているほどで、その光景はさしずめ「今様・ゲルマン民族の大移動」といったところでしょうか。バカンス渋滞に巻き込まれて身動きがとれなくなると、ゲルマン人たちは高速道路上で簡易テーブルを広げて食事を始めてしまいます。それほどすさまじい渋滞なのですが、当人たちはいたって楽しそう。バカンス気分で舞い上がっている彼等には、渋滞もまた一興。アスファルト上でのピクニックといったところなのでしょう。

そのブレンナー峠が、鉄道も自動車道路も通らない、まだ文字どおりの峠道だったころ、この峠を越えてイタリアを目指した一人の男がいました。その名はヨハン・ヴォルフガング・フォン・ゲーテ。いわずと知れた、かの文豪ゲーテその人です。一七八六年九月のことでした。当時の「ブレンナー越え」とは、「イタリア行き」の代名詞で、ゲーテの目指す先も、当然太陽の溢れる、歴史と芸術の国イタリア。でもいったい何が、ゲーテという一人の北ヨーロッパ人を、イタリアにひきつけたのでしょうか。

ところでこのゲーテという人、その肖像画から察するに、かなりまじめそうな容貌の持ち主です。同じドイツ人のベートーヴェンみたいにいつも眉間にしわを寄せて髪を振り乱してはいないにしても、いかにも頭の固そうなおじさん、という印象はぬぐえません。だいたい、『ヴィルヘルム・マイスター』などという教養小説や、ヴェルテルという人の、今日のわたしたちの尺度からすると理解に苦しむ悩みを扱った物語の作者で、はたまた長大深遠な『ファウスト』ごとき作品を書いた人なのですから……。でもそんな外見に反して、その実、かなり奥の深い、おもしろい人物でもあったようです。

　というのも大まじめな半面、ゲーテは感受性のすこぶる鋭い人でもあったからなのです。そして何よりも、ゲーテは「視覚の人」でありました。だいたいドイツ人というのはやはり内省的な人が多く、耳で音を楽しんでも、目で美しいものを観賞するといった、悪く言えば「享楽的」な傾向を持つ人は少ないのではないのでしょうか。もっともこのドイツ人に関するコメントは、わたしの偏見かもしれません。だから頭から信じないでください。

　とにかくそんな中で、ゲーテは目で見て楽しむことを心得ていた、数少ないドイツ人の一人であったようです。その証拠に彼自身も絵筆をとる、いっぱしの素

ゲーテの『イタリア紀行』。左は岩波文庫の日本版、右はドイツ語の原書

人画家でしたし、それに彼の作品の中では、風景描写も人物の内面の描写に劣らない、重要な要素となっています。

彼が単なる気難しいおじさんではなかったことは、女性に関する描写からも証明できそうです。そういえばヴェルテルも、彼の悩み、というか災難のもとは女性だったし、ファウスト博士を救ったのは、グレートヒェンでした。そのうえ、ゲーテの詩も恋をうたい、たとえ恋愛の対象でなくても、美しい女性には賛辞を惜しみません。

ゲーテの理想の女性、七歳年上の人妻フォン・シュタイン夫人にあてた手紙は、一〇年間でなんと一七八一通！　一年間に一七八通、つまり二日に一回の割合で手紙を書いていたことになり、とすると凄まじい情熱を女性にも傾けていたわけです。**宗教改革**[※注1]以後のドイツでは稀有になってしまった、「騎士道精神」の持ち主だったのかもしれません。

ありのままの美しさを「美しい」と感じるだけの感受性を持ち合わせていた、そんなゲーテが美しい南の国イタリアに憧れを抱き続け、イタリア旅行のプランを長年あたためていたというのも、よく考えれば至極当然のこと。そんな長年の夢をついに実現する機会が巡ってきたのは、一七八六年のことでした。

正確を期するなら、「機会が巡ってきた」というよりもむしろ「機会を無理やり作り出した」といったほうがいいかもしれません。なぜなら極秘のうちに出発したゲーテのイタリア旅行には、八方塞がりだったドイツ・ワイマールでの生活からの逃避といった面があるからです。

それに加えて、子供のころの思い出にさかのぼるイタリアへの憧れ……。彼の父は幼いゲーテにイタリア語の授業を施すなど、ゲーテは幼いころからイタリアを身近に感じつつ育ちました。だから一七七九年にスイスのザンクト・ゴッタルド峠付近を訪れた際にも、思いを馳せるのは、峠の向こうのイタリアのことばかり。

そしてワイマール時代が続きます。彼の有名なイタリア旅行に先行する、いわゆる「ワイマール時代」は、彼の実務家、政治家としての時期といえるでしょう。もちろんゲーテは偉大な文学者、思想家であったわけですが、天才型の彼は政治家としてもそのキャリアの頂点を極めます。一七七五年にカール・アウグスト公に招かれて上がったワイマールの宮廷で、ゲーテは顧問官から大臣にまで昇進し、貴族にも列せられます。しかしながらそんな表面的な成功の裏で、その内実には、なかなか屈折したものがあったようです。

頑固なカール・アウグスト公との間に起こる、さまざまな問題、長年続いたフォン・シュタイン夫人との恋愛関係も硬直し、耐え難いものになっていました。それに加えて制作活動の停滞。そんな現実から逃げ出す手段が、幼いころからの憧れの国、イタリアへの旅だったのでしょう。そしてついにブレンナー越えを決行するに至るのです。そしてそこから生まれたのが、紀行文学の最高傑作といわれる『イタリア紀行』でした。

鬱々《うつうつ》とした日常にあってイタリアを夢見るその気持ち、とてもよくわかります。とにかくドイツの冬は暗くて寒い……。灰色の空と雪に閉ざされる毎日が続くと、人間が変わってしまうかと思うほど、自分がだんだん陰気になっていくのがよくわかります。少なくともわたしのドイツ暮らしはそうでした。そんな暗い、むしろ「内省的」と言ったほうがいいようなドイツでの生活で、アルプスの峠を越えることは、わたしにとっても特別の出来事を意味していました。実際は最寄りの駅に行って、切符を買って、夜行に乗ればいいだけなのです。でもそのハレの気分には、そのたびに、単なる旅行を凌駕する「何か」が含まれていたのを覚えています。

ゲーテの生きた時代には、もちろん鉄道も自動車もありません。たとえグラン・トゥール（大旅行）を許された特権階級に属し、ある意味では今日のわたしたち観光客とはくらべものにならないほど贅沢な旅を許されていたとはいっても、イタリアまでの旅の難しさは、今日とは比較にならないでしょう。だから当時の「イタリア行き」とは、一生に一度といっていい大事業だったはず。彼等にとってイタリアは、その物理的近さにもかかわらず、現代のわたしたちにとってのそれより遥かに遠い、憧れの地でした。いくら経済的な余裕はあっても、つい日常の忙しさにかまけて旅立てないことも多々あったでしょうから、イタリアまでの距離は、ますます広がるばかり……。

それだけにイタリアへの熱い憧憬を抱きつつ、ついにブレンナーを越えたゲーテの気持ちがどれほど高揚していたか、想像に難くありません。その気持ちは程度の差こそあれ、現代の旅行者のそれと、ほとんど変わらないのではないでしょうか。ゲーテもわれわれとそう変わらない、ミーハーなイタリア好きの一人と考えてみると、なんだか身近な人に感じられるというものでしょう？

わたしたちのシチリア旅行にも、こんな立派な先達がいるのです。ゲーテに旅の道案内をしてもらわない手はありません。

でも、なぜゲーテなのか。シチリアを訪ねた文学者、芸術家なら、ほかにも数限りなくいます。モーパッサン、シャトーブリアン、デュマ（父）、ヴァーグナー、

シチリアのシンボル「トリナクリア」。三本足は島の三つの岬をあらわす

ワイルド、ジッド……。そして各人が、すこぶる印象的な旅行記を残してもいます。

イタリア狂いで有名なフランスの小説家スタンダールなども、シチリアの土を踏むことを夢見ていた一人でした。事実何度も「シチリアに行った」と書いてはいます。でも実際はシチリア島の土を踏んではいません。ビザが取れなかったという説もありますし、時間がなかったとか、はたまた渡航のための金がなかったという説すらあるほど……。にもかかわらず「シチリアに行った」と言い続けたところが、スタンダールの憎めないところでもあり、そんなすぐバレるような嘘をつかせてしまうほど、「シチリア」という地名は彼にとっても刺激的かつ魔術的な響きを持っていたのでしょう。

そんな中で、ではなぜゲーテなのか。

理由は簡単。彼のシチリアでの行程が極めて合理的、ひいてはこれからシチリア旅行の計画を練ろうとするうえで、有益な指針になるからにほかなりません。それに不愉快な目にあったり、自国とは異なる習慣に遭遇しても、悪態をつくことなく、むしろすべてを理解してみようとする彼の柔軟さと懐の深さにも好感が持てます。

「先進的」な北の論理で「遅れた」南を断罪することなく、すべてを受け入れ、楽しみ、理解しようとした、この知的好奇心と寛容の精神、これこそが異文化を理解するうえで、一番必要なのではないでしょうか。イタリアにまいっているくせに、イタリアに来るたびに文句をつけずにはいられないスタンダールなどより、よほど開けているでしょう？　これこそゲーテがコスモポリタンの先駆けと言われる、所以《ゆえん》なのでしょう。

では今後の旅の参考のためにも、ゲーテのシチリアまでの道筋をちょっと追ってみることにしましょう。

一七八六年の九月にブレンナーを越えたゲーテは、ヴェネツィアに滞在したのち、ボローニア、ペルージアを経由して、ひたすらローマへの道を急ぎます。そして四カ月近いローマ滞在ののち、ナポリに、つまり憧れの南へ、南へと歩を進めるのです。

一七八七年三月三日、ナポリ。港でパレルモに向けて出航する船を見かけたゲーテは、シチリア行きの強い誘惑に駆られます。

「船がカプリ島とミネルヴァ岬のあいだを抜けてついに消え失せたとき、私は風を孕《はら》んだ帆を見送ってどんなに憧憬を感じたことだろう」

それからというもの、彼のシチリアへの憧憬は、帆船の帆みたいにどんどん膨らんでいくばかり。

そして三月一七日の日記。まだゲーテは迷っているようです。

「シチリアへの旅行については、秤《はかり》はまだ神々の掌中にある。その秤針は、右へ動いたり左へ動いたりしている」

ナポリまで来たのだから、シチリアにも行ってみたい、でもシチリアはあまりに遠い。

今だって遠いと思う人間がたくさんいるくらいなのだから、当時の人々にとってのシチリアまでの距離は、どれほどのものだったか。内海の地中海とはいえ、船旅には多少の危険はつきもので、当時のシチリアの内陸部は山賊の跋扈《ばっこ》する、実に物騒な土地でもありました。それにもっとナポリ周辺も見てみたかったし、早めにローマに帰って、長期にわたってそこに滞在してもみたかった。時間は限られているのです。

しかし揺れる気持ちにも、ついに決着がつき、運命の秤はシチリア行きに傾きます。クリストフ・ハインリヒ・クニープという、腕がよく、おまけに性格もいい若い画家と知り合ったことも、ゲーテにシチリア行きを決断させた大きな要因かもしれません。実際、旅の道連れクニープがいたからこそ、彼に絵を一任したゲーテは旅の記録の煩わしさから解放され、シチリアの大地を思う存分歩き回れたのですから。現代の旅行者がカメラを携えるように、ゲーテは画家クニープを伴ったのでしょうか。それに加えて二人の間に真の友情が生まれたので、この旅がうまくいかないわけがありません。

そんな心強い友人を得て、ゲーテはナポリから船でパレルモの港に入ります。さんざん船酔いに苦しんだ末のパレルモ上陸で、その年の復活祭直前の四月二日のことでした。復活祭を中心に約二週間にわたってパレルモに滞在したのち、一七日にゲーテはシチリアの奥深くへ向けて、再び旅立ちます。

セジェスタのギリシャ神殿に立ち寄り、そしてカステルヴェトラーノ、シャッカを経由し、次の目的地アグリジェントに着いたのは、四月二三日の夕刻のこと。そこで神殿の谷と、今が盛りの春を満喫したゲーテはシラクーサには寄らずにシチリア内陸部、つまりイタリアの穀倉地帯へと馬車を進めます。カルタニッセッタ、エンナと辛い旅を続けながらも地層・鉱物や植生を観察しつつ、五月二日にはついにシチリア東部の都市カターニアに到着。短いカターニア滞在後、すぐに景勝の地タオルミーナへ向かい、そして五月一一日にはついに最終目的地であるメッシーナにたどり着きました。そしてその直後の一四日に、後ろ髪をひかれるようにして、フランス船で再びナポリへの帰途に就くのです。

この旅、日数にすると正味一カ月半もかかっていません。馬車による移動に取られた時間を考えるなら、かなりの駆け足旅行だったことは否《いな》めないでしょう。それは彼自身も認めています。だから思い切ってシラクーサを切り、そのかわりに島の内陸部を知るためにエンナを経由して旅を進めるなど、訪問地を少数に絞った苦心の跡もうかがわれます。

でも、このゲーテの道筋をもう一度地図の上で確かめてみると、すぐ一つの事実が浮かび上がってくるはずです。

とにかく、無駄がないのです。さすがドイツ人、というべきなのかもしれません。最小限の時間と動きの中で、見るべきものをきっちりと見ている。この街を抜きにしてシチリアは語れないというパレルモから旅を始め、セジェスタ、アグリジェントでシチリアのギリシャ世界も垣間見ました。そして内陸部を通ることによって「穀倉」として有名だったシチリアの一面を再認識し、カターニアに行ったついでに、当時すでに観光名所となっていたエトナにも、行っています。タオルミーナ、メッシーナという、パレルモを中心とした西部とは異なる、もう一つの穏やかなシチリアも経験して帰っていったのですから、いろいろな制約があったことを考えれば考えるほど、ますます完璧な旅ではありませんか。

確かに先を急ぐための見落としや、行きたくても行けなかった土地もありました。それに今日では有名な観光地になっていても、ゲーテの時代にはその価値が認識されてなかった土地もあるでしょう。ゲーテ以後に発掘された遺跡とか、時代が近すぎて彼の生きていたころにはまだ評価が定まらなかったバロック建築や、二十世紀初頭にシチリアにもあらわれたリバティー様式などが、その最たる例でしょう。

いずれにしても、シチリアを旅する際の指針として、ゲーテのあとを追ってみるのも悪くはありません。そうしながらも、途中ところどころ寄り道をして、今日的な視点でシチリアを捉えていくことも忘れずに。ゲーテの時代はゲーテの時代。今シチリアを訪れたからといって、古き良き時代のシチリアが見られるわけではありません。わたしたちがそこで見るのは、いい面も悪い面もすべてひっくるめた、今のシチリア以外のなにものでもないのですから。

だからこれは徹頭徹尾わたしの「私的」なシチリア旅行といえましょう。ゲーテの訪ねなかった場所にも足をのばしますし、一方、チュニジアに近い離島など、涙を飲んでカットした場所もあります。広いシチリアを、隅から隅まで紹介できるわけではありません。そのうえコメントも徹頭徹尾主観に基づき、時として独善的となることもあるかもしれません。異論のあるかたも、きっと多いと思います。でもこれが何かのきっかけとなって、この島が話題に上ることがあれば……。そう思うと、こんなにうれしいことはありません。

そんなことを頭のどこかにとどめつつ、まずはパレルモ上陸です。

※注1　宗教改革／一五一七年、ルターによる九十五カ条の論題によって始まった、堕落したカトリックに対する改革運動で、ここからいわゆるプロテスタント諸派が起こる。

第3章

パレルモ—千年にわたるシチリアの都

歴史を体現する新旧ふたつの市街を歩く

パレルモには、ナポリから船で入るのがいいでしょう。もちろん飛行機で一気にパレルモ入りする手もあるし、フェリーの胴体に積まれた列車でメッシーナ海峡を越えるのもまた一興ですが、やはりいつになっても、船旅には捨て難い味があります。

このナポリ＝パレルモのルート、実はゲーテもこのルートで、シチリアに入っています。ただゲーテの乗ったナポリ船は逆風にあったり嵐にあったりで、ナポリからパレルモまで、なんと丸四日も費やしました。帆船での航海はまだまだ風まかせ、正確な所要時間など知りようもありません。でも今なら夕刻にナポリ港を出る船に乗ると、よほどのことがない限り、翌朝の七時にはパレルモの港に到着です。

パレルモの港が北に向かって開けているのは、地図を見ても一目瞭然。そんなパレルモの街が背後の岩山の後ろから上る太陽を受けて目を覚ましていくさまを、船のデッキから眺めるのは、えも言えず魅力的な光景です。

もちろん今世紀初頭の絵葉書からそのまま抜け出してきたような、そんな美しい街が眼前に広がっているわけではありません。ここパレルモでも無粋な高層アパートはずいぶん目につきますし、船が港に近づくにつれて、港付近の倉庫など美しくないものも、いやでも目に入ってきます。それもまあ、しかたないのかもしれません。

独特の切り立った険しい岩山に囲まれた盆地コンカ・ドーロに位置するパレルモの街。この街の海からの眺めは、まさに旅の幕開けにふさわしい雄大な光景といえるでしょう。

港に上陸したら、すぐに街の中心に出てみてください。パレルモ湾に面したポルタ・フェリーチェ（フェリーチェ門）を抜けてまっすぐ行けば、自然と街のまん中であるクアトロ・カンティに出るはずです。ただ港付近は治安が悪いので、十分に気をつけて。

モンレアーレのドゥオーモ（大聖堂）の屋上からは、パレルモ市街が一望でき、街の都市化の歴史が手にとるようにわかる

ここでパレルモの治安について、老婆心ながら、ちょっとひと言。

はっきり言って、治安はけっしてよくありません。パリやミラノやローマやアムステルダムなどの大都市の治安が悪いように、パレルモの治安もよくないといった意味で、よくないのです。銃器が出てこないだけニューヨークよりマシですが、大きな都市なんだから、スリ、ひったくりなどの軽犯罪には、運が悪ければ出くわしてしまうということ。でもスリやひったくりの類が怖かったら、シチリアだけでなく海外旅行など永遠に行けないでしょう?　だから常に注意を怠らないのはたいせつですが、パレルモだからといって特別に身構える必要はありません。パリにいるのと同じ程度に緊張して

いてください。

ただ、この手の街のチンピラの所業をマフィアと混同するのは大きな間違いということだけは、ここで声を大にして言っておきたい。シチリアへ行くからにはマフィアの本質をきちんと理解しておいてほしいと思うからです。シチリアで怖い目にあった人から、「やっぱりここはマフィアの本場だったんだ」というコメントをよく聞きます。日本人をはじめとする外国人のみならず、イタリア人すら同様の感想を漏らすくらいですから、この誤解にはどうも相当根深いものがあるようです。

二十一世紀を目前とした現代のマフィアと街のチンピラの犯罪とは、何の関係もありません。なぜなら今やマフィアとは「政治権力の問題」になってしまったからです。突然こう言ってしまって、「いったい、なんのことやら?」と首をかしげられてもしかたがないので、マフィアとは何か、そしてマフィアとパレルモの街の関係を、少しばかり説明させてください。

パレルモに行っても、マフィアは見られません。もちろん「シチリアにはマフィアはいない」式の妙なシチリア贔屓《びいき》で、こう言うのではありません。だいたい、自己顕示欲の塊のような日本のヤクザのおにいさんたちとは違って、マフィアとは目に見えるような存在ではなく、むしろ目立たぬことこそを美徳としています。

そもそもマフィアを生んだのは、シチリアの貧しい農村でした。そしてその鍵は、スペイン支配以降の大土地所有にあります。

皮肉なことに近代の幕開けとともにシチリアに導入された封建的な大土地支配の頂点にいた土地貴族は、次第に不在地主化の傾向を強めていきます。このへんが同じ土地貴族でも自ら農地経営に従事していた**プロイセンのユンカー**[※注1]と、大きく違うところです。不在地主にかわって農村を仕切るようになるのが、ガベロットと呼ばれた農地管理人で、彼等こそがマフィアの前身でした。年貢の管理、紛争の解決、治安維持と称しての上納金の徴収などを通じて、ガベロットは次第に権力を増していったのです。でもこの時点では、言うならば、まだ村の親分的存在にとどまっていました。

そんなある種牧歌的だったマフィアを変質させたのが、議会制民主主義だったというのは、これまたなんとも皮肉な話ではありませんか。今世紀に入って普通選挙法が導入されるやいなや、保守政党と結びついたマフィアは選挙時の集票機関に変質していきます。ここにマフィアと中央政界のつながりが始まりました。アンドレオッティ元首相がマフィア容疑で裁判にかけられた事件の根も、実はこのあたりにあるのでしょう。

それでもまだマフィアは農村を基盤とした暴力組織であり続けました。それが劇的に変化するのが、第二次世界大戦後のこと。政治家の庇護のもとにマフィアは都市に進出し、資金源などその体質が、徐々に変わっていったからなのです。

戦後アメリカのコーザ・ノストラと結びついたマフィアは麻薬取り引きに進出し、巨万の富を手に入れます。『フレンチ・コネクション』という映画をご覧になったかたは多いと思います。あの映画に描かれていたマルセイユの組織、つまりフレンチ・コネクションが壊滅したのち、世界の麻薬市場を独占したのが、シチリアのマフィアだったのです。それと並行して行われたのが、イタリア国内の公共事業、特に土木関係の公開入札の独占です。入札でマフィアは自分たちの息のかかった業者に入札させ、そこから莫大な収入を得ているといいます。それに加えて、ベルリンの壁崩壊後は、混迷する国際情勢を利用して、武器の密輸にも手を出しているのだとか。

さらにもっとまずいのは、マフィアはこうして稼いだ「汚い金」を、地元シチリアやスイス、ルクセンブルクなどの銀行を通して「きれいな金」に洗濯し、それを合法的な事業にも投資して、次第に企業化しつつあるということでしょう。公然と法律に違反していないとなると、警察も検察もなかなか手が出しづらくなりますし、こうしてシチリア経済は、ますますマフィアに牛耳られていくという、出口のない図式が成り立ってくるのです。

このようにマフィアとは政治権力と結びついた、シチリア社会の構造に深く根ざす組織であり、その完璧な内部の構造は、街の小さな犯罪とは何の関係も持っていません。もちろんマフィアにしろ犯罪にしろ、背後には貧困および失業の問題があり、パレルモの下町でひったくりを働くような職もなく貧しい若者たちが、一兵卒としてマフィアのヒエラルキーの最下部に組み込まれていくことはありますが、彼等自身がマフィアの本質ではありません。マフィアの本質は、もっと別の、つまり社会の上部に、そして深部にあるのです。一九九二年五月二三日、マフィア撲滅のシンボル的存在だったジョヴァンニ・ファルコーネ判事が暗殺されました。マフィアの仕掛けた爆弾により、パレルモの空港から市内に入る高速道路上で、文字どおり木っ端みじんに吹き飛ばされたのです。それから二カ月もたたない七月一日、ファルコーネ判事の同僚にして親友であったボルセリーノ判事も爆殺され、シチリア全島に反マフィアの抗議行動が巻き起こりました。

それでシチリアがどう変わったかと問われると、答えに窮してしまいます。少しずつですが、シチリアの空気も変わってきてはいます。それでもマフィアは権力の最深部に居すわり続けている……。二判事の暗殺とそれに続く抗議行動も、決定的な転機にはなりえないのかもしれません。何を見ても証言を拒否する沈黙の掟も相変わらず支配的です。

でも多くのシチリアの人々は、マフィアに支配されるシチリアの現状を憂い、なんとか状況を好転させようと努力しています。伝統的に左翼は常に反マフィアの先頭に立っていましたし、今まではマフィアと組んだキリスト教民主党に全面的に依存していた結果、反マフィアの目立った行動を取らなかったカトリック教会からも、マフィア批判の声が上がるようになりました。ローマ教皇庁バチカンとは一線を画し、常に民衆とともにあった市井の神父たちが、昔も今も反マフィア活動の最先鋒であることは、言うまでもありません。

しかしながら、あまりにもシチリア社会に深く根を張っているマフィア。反マフィアの大きなうねりがある半面、貧困に直接さらされている階層に顕著なのですが、マフィアを積極的に肯定する意見もあるのです。

「マフィアは職を与えてくれる、シチリアに必要不可欠な組織だ」

なぜならば第一に都市の最下層の若者たちがマフィアの予備軍であるから。そして第二にマフィアによって支配される公共事業が雇用を促進するという考え方。残念ながらこれには真実の面もあり、それが問題をさらに複雑にしています。しかし、一時的に職を与えたからといってマフィアが現状維持の搾取の構造であることには変わりなく、マフィアによる公共投資でシチリアの問題が根本的に解決されるはずもありません。でもその日暮らしをする社会の底辺にいる若者にとっては、十年後の社会よりも明日のパンのほうが切実な問題である事実を、一概に責めることはできないでしょう。

いずれにしても、マフィア＝犯罪とは簡単に図式化できません。あまりにも根の深い、社会全体の問題になってしまったからです。

そこで話を急に元に戻すと、こういうことになります。シチリア州の州都だけあってパレルモはマフィアの中心地と言われていますが、パレルモで観光客のあなたがマフィアの被害を心配する必要など、まったくありません。あなたが訪れる範囲でマフィアの抗争の流れ弾が飛んでくることなどけっしてないのですから、自分の財布とカメラの心配だけしていればいいのです。万が一あなたがパレルモで判事暗殺を狙った爆弾事件にでも巻き込まれ、九死に一生を得たとしましょう。そうなって初めて、「やっぱりここはマフィアの本場だったんだ」というコメントが、真実の重みを持って生きてくるというわけです。

抽象的な予備知識はこのぐらいにして、このあたりで実際にパレルモの街を歩いてみることにしましょう。「百聞は一見に如かず」とはまさにこのことで、街をぶらついてみることは、どんな説明を聞くよりも、パレルモを知るうえで有益です。

パレルモ市の中心部が、旧市街と新市街という二つの地区にすっぱりと二分されているのを理解するのに、多くは要しません。市街地図を開いてみても、その対比は明らか。カヴール通りを境に、細い道が入り組んでいるように見えるのが旧市街で、大きな広場と公園、道も整然とまっすぐなのが、新市街です。実際に街を歩けば、地図上の区分が建築、雰囲気、そこに住む住民などの違いを知る面でも有効であることは一目瞭然のはず。

メルカート（市場）なども多い、迷路のような旧市街。庶民の街ともいえますが、その少なからぬ部分がスラム化しています。少なくともわたしの目には、下町というよりもスラムに映ります。雑然としているうえに、住む人もなく打ち捨てられた建物がそんな印象を抱かせるのかもしれませんし、わたしが本当のスラムを知らないからかもしれません。

このゴミだらけの無人の廃墟の群れは、でもよく見るとバロック様式のバルコニーを持った素晴らしい建物なのです。外観にちょっと手を入れて、中を近代風にしたら街のまん中の素晴らしい住宅になるのではないかと思うのですが、ここまで放置されてしまうと、まったくどこから手をつけていいものやら……。もう取り返しがつかないのかもしれません。よく言われる南イタリアの貧困の問題が、ここパレルモに凝縮しているようです。豊かな北にくらべ、シチリアにはこれといった産業もありません。これがシチリアが大量の移民を国の内外に送り出した原因なのですが、パレルモに残った人々は、その独特の運命論からこの現状を受け入れて生きていくことを選んだのでしょうか。

でも元はといえば半ばスラム化した町並みこそが、パレルモの中心でした。その証拠にパレルモ観光の目玉になっている歴史的建造物は、すべてこの旧市街にあるといっていいでしょう。王宮、カテドラーレ（司教座大聖堂）をはじめとする教会、そして大貴族の邸宅など、パレルモ観光とは貧困と隣り合わせの旧市街を歩くことでもあります。よそ者たる観光客にとっては、なかなかスリリングな経験です。

それにしても他のイタリアの都市とは、なんという違いなのでしょう。ローマでもミラノでもフィレンツェでもヴェネツィアでも、中世以来の伝統を持つ旧市街は今でも都市のすべての機能が集まる中心であると同時に、住宅街の機能をも果たしています。街のまん中のルネサンス期からの建物を改造したモダンなアパートに住むのは、今や一種の特権です。上流階級とはいいませんが、ある程度余裕のある階層のみに許された特権でしょう。

栄華を誇ったベルモンテ宮も、今は荒れるにまかせている

そんな事情もあって、町並みもそれなりに美観を保たれているのかもしれません。そのうえ、買い物には便利だし、仕事場も、公共の施設も、劇場も映画館もすぐそばです。駐車場の問題を別にすれば、現代の生活の需要を満たしている実に快適な中心街での生活……。特に若い人には人気があるようです。ところがパレルモではある時期を境に、昔ながらの街が、まったく打ち捨てられてしまったのです。

パレルモの市街図が変わるのは、国民国家としてのイタリアの統一（イタリアでは**リソルジメント**[※注2]という）の時期と一致します。それはまた同時に、上流階級が旧市街を捨てて、新しい市街地にその住居を移し始めた時期でもありました。マッシモ劇場のあるヴェルディ広場から向こうが旧市街をあとにした上流階級が移り住んだ高級住宅地で、リベルタ通りを中心とするその地区は、今でもパレルモで一番瀟洒《しょうしゃ》な場所になっています。道幅は広く、ゴミも少ないし、並木道に大きな公園……。あくまでもヨーロッパ風で、シチリアという感じはしません。「豊かな南」も存在する、なによりの証拠といえましょう。

イタリアの統一とともにスペイン・ブルボン家の支配は終わり、シチリアにも新しい風が吹いてきました。それは特に都市の経済関係において顕著です。遅ればせながら勃興した新興ブルジョワジーは大貴族にとってかわって、次第に社会生活の主役となりつつありました。そのあたりの事情は、ヴィスコンティによっても映画化された、『山猫』のテーマにも重なり合いますね。原作者のジュゼッペ・トマージ・ディ・ランペドゥーサ自身シチリアの大貴族の出身で、新興のブルジョワジーとの共存を受け入れざるをえない主役のサリーナ公爵の物語は、作者自身の物語でもあるのです。

しかしこの社会の転換期こそが、旧市街の受難の始まりでした。それまでパレルモの政治および社会生活は、クアトロ・カンティを中心としたイスラム支配期から綿々と続く地区で営まれていました。ところが統一イタリア後の新しい主役たちは、新しい市街地を新たに造り出すほうを選んだのです。場所が足りなかったのか、自分たち好みの邸宅をゼロから建てたかったのか、いずれにしても、言ってみれば個性のない無国籍の新しいパレルモの街を、旧市街の隣に造り出す結果となったのです。

カヴール通り（統一イタリア王国の初代首相）、クリスピ通り（シチリア出身のイタリア王国首相）、マルゲリータ王妃通り（イタリア王国の初代王妃）。

新市街の通りの名前を見ると、統一イタリアの立役者の名前や、イタリア統一以後の有名人の名前が多いと思うのは、気のせいでしょうか。シチリア的というよりは、あくまでもイタリア的です。音楽家の名前にしても、シチリア生まれのヴィンチェンツォ・ベッリーニの名をとった広場が旧市街の、それも古いパレルモのシンボルたるクアトロ・カンティのすぐそばにあるのに反し、統一イタリアの精神的具現者、国民的大作曲家ヴェルディの広場は、新しいパレルモの象徴といえるマッシモ劇場のところにあります。このコントラスト、わたしには非常に象徴的なことに思えるのですが……。

とにかくそんな新興階級の動きに追従したのが、斜陽の大貴族たちでした。彼等が旧市街の素晴らしい邸宅を捨てて新市街に去っていくと、そこに残された庶民には大邸宅を維持する財力は当然ありません。今でこそ文化財保護の運動は盛んですが、当時はそんなメンタリティーすら存在しなかった。進歩こそがすべての価値であった十九世紀末のこと、どれだけの文化遺産が過去の遺物として葬り去られたことでしょう。パレルモでも栄華を誇った建築物が荒れるにまかされ、多くの美術品も打ち捨てられたり、運び去られたりして、いつの間にか消えてなくなっていったのでした。

その結果をいまだに引きずっているのが、今日のパレルモの街です。旧市街の没落と新市街の豊かさというコントラスト。マクェダ通りとヴィットーリオ・エマヌエーレ通り（イタリア統一以前はトレド通りと言われていました。いかにもスペイン的でしょう?）の交差するクアトロ・カンティは、千年以上にわたるシチリアの首都としての輝かしいパレルモの歴史の証人であると同時に、停滞する現在のシチリアを代表する「顔」でもあります。一歩裏道に入るとそこには朽ち果てた建物が並び、何をするでもなくたむろする若者たちの多くは失業者。彼等の話す言葉も方言が強く、わたしなど聞いていても何を言っているのか、見当もつかないことがしばしば。気のせいか、その容貌も黒い髪に黒い瞳、肌の色も濃く、アラブ人と言っていいほどで、いかにも地中海的な容貌です。

その対極にあるかのような、ポリテアーマ広場とリベルタ通りを中心とした華やかな町並みと、そこに集う信じられないぐらいリッチな人々の存在。上等の服をエレガントに着こなし、携帯電話など携えて、話す言葉は美しい標準語。リベルタ通りのカフェで耳を澄まして彼等の会話をスパイしてみると、その話題は事業のこと、バカンスのこと、家の改築のこと。一瞬、ミラノにでもいるのかという錯覚に陥ります。その肉体的特徴も、ノルマン貴族の子孫なのかもしれません、金髪碧眼の長身で、地中海というよりヨーロッパ的なのも、ミラノあたりを思わせる理由でしょう。

パレルモという街、道を隔てて天国と地獄が隣り合わせになっているのでしょうか。これを思うと、ちょっぴり気持ちが暗くなってしまいます。この甚だしいコントラストを、いったい、どう説明し、どう正当化したらいいのでしょう？

コントラストの街パレルモの持つ二極分化が遺憾なく発揮される領域は、なにも町並みと貧富の差だけではありません。

たとえば政治的なコントラスト。マフィアと持ちつ持たれつの利権の維持に汲々としているカトリック教会を含めた保守勢力と、それを糾弾する勇気ある反対勢力の対立もあります。ところでその反対勢力ですが、保守の反対だからといって、なにも共産党に代表される伝統左翼に限られてはいません。かつてキリスト教民主党左派に属していた人たちが保守勢力から離脱し、カトリックの価値観を基盤に旧左翼陣営を統合した『レーテ』（ネットワーク）と呼ばれる政治運動が、最近のシチリアでは活発に展開されています。イタリア本土では大きな潮流にはなりえないでしょうが、カトリックの良心を基本としている点、そしてシチリアにマフィアが存在する限り、ここでは重要な運動であることは確かです。それに文化レベルのコントラスト。一般的に南イタリア人といえば、無知蒙昧で極端に信心深く、迷信家の代名詞でもありました。シチリアから北イタリアに移民していった一部の農民にそういう人がいたらしく、いまだにイタリア国内では根強い意見です。

　でも同時にシチリアが高い文化を誇っているのもまた確か。第1章で述べたようにシチリアは多くの文化人を輩出しているほか、出版部門に関しても数多くの中小の出版社を擁しています。

　たとえばイタリア国内で一番評価の高い出版社の一つは、パレルモにあるセッレーリオ社なのをご存じでしょうか。文学、芸術の分野でマニアックなほどハイレベルなそのラインナップは、シチリアに多くの読書家をひきつけています。最近ではアントーニオ・タブッキ[※注3]の作品を多く出版しているのがこの会社。そのセンスのほどがうかがわれます。パレルモにはセッレーリオ社直営の書店もあります。近年縮小されてしまったのは残念ですが、それでもシチリア関係の書籍は多いので、パレルモに行ったら是非のぞいてみてください。富と貧困、マフィアと左翼、後進と文化。南国の光と影とのコントラストの強さに比例するように、シチリア社会のコントラストも、こんなにまでも極端になったのでしょうか。

　ところがこのコントラストの別なく、容赦なくパレルモを襲う一つの現象があるのです。それは車の排気ガス。ローマにしてもアテネにしても最近の南ヨーロッパの大気汚染は深刻ですが、パレルモの大気汚染も、もはや耐えがたいレベルに達しているようです。イタリアには、日本や他の先進国並みの排ガス規制がなかったうえに、自分の足で歩くことを知らない最近のイタリア人は、五〇メートル先に煙草を一箱買いに行くのにも、車を使います。これは何もパレルモだけに限ったことではありません。街に失業者が溢れ、それに加えてヨーロッパでも一番ガソリンが高く、それでなんでみんながみんな、こうして車を乗り回していられるのでしょう？　わたしの理解を超えるところですが、とにかくそんな調子で誰もが車を転がして、狭い中心街に散歩にやって来るのですから、パレルモの空気が悪いのも当たり前。

「パレルモのバロックの存在がいたってわかりにくいのは、建物のファサード（正面）が排気ガスに汚れて真っ黒だから」というのは、あくまでもわたしだけの持論ですが、そんなふうに思えてくるほど、パレルモの街は排気ガスで煤けています。たとえばあのクアトロ・カンティ。四つ辻にそれぞれ彫刻が施してあるパレルモ・バロックの代表作ですが、真っ黒で何がなんだか見当もつきません。ツルツルの白い大理石の持ち味が隠されてしまうと、彫刻の官能的な表情も微妙な襞《ひだ》も、すべてが失われてしまうのがバロックという芸術の本質なのでしょうか（でも、そんなばかなこと、あるはずないか……）。

最近でこそ、ここパレルモでもメインストリートに限っては交通規制が導入されましたが、それでも中心街の排気ガスはかなりのもの。かといってわれわれ日本人観光客が一人で裏道に入るのは、ちょっと勇気がいるかも……。裏道ほど本当のパレルモの姿が垣間見られるのもまた事実なので、ここは大いに悩むところです。だけどパレルモというところ、勇気を奮って迷宮に迷い込んでみるだけの価値は、十分にある街です。

街の構造と排気ガス対策。これさえわかればもう万全です。あとは自分の足で歩き回るだけ。もちろんバスの路線も整備されていますが、パレルモは歩いて回れない規模ではありません。旅行者はむしろ地図を片手に自分の足で歩いたほうが迷子にならなくていいかもしれません。それでけっこう簡単に、パレルモの心臓部までたどり着けるはずですから。

※注1　プロイセンのユンカー／ドイツ・エルベ川以東（現在のポーランド領も含む）の大土地所有貴族。隷属的な農民を使役して農場経営を行い、のちにドイツ帝国の支配階級となる。鉄血宰相ビスマルクがその好例。

※注2　リソルジメント／十九世紀を通じて進行した、イタリア国家統一運動の総称。一八二〇年代のカルボナーリ運動に始まり、一八六一年のイタリア王国成立と七〇年のローマ占領によって完成する。

※注3　アントーニオ・タブッキ／現代イタリアの作家。日本でも数多くの翻訳が出ているが、映画にもなった『インド夜想曲』などが代表作。ちなみにシチリアとの関係は、あまりない。

第4章　文明の十字路に咲く美しき建築群

パレルモに残る他民族統治時代の遺産

「君や知る、レモンの花咲く国、――暗き葉かげに黄金《こがね》のオレンジ輝き、……」

ゲーテが『ヴィルヘルム・マイスター』の中で薄幸の主人公ミニヨンにうたわせたように、レモン、オレンジなどの柑橘類は、今や南イタリアの風景を語るのに欠かせない要素となっています。ゲーテがナポリへ入る手前の町で驚嘆したように、オレンジの実が「木という木には、想像も及ばぬほどにぎっしりと生っている」さまは、ゲーテならずとも、今日の旅行者にとっても十分圧巻です。

今やシチリアを語る際の決まり文句でもあり、それと同時に重要な商品作物にもなっている柑橘類ですが、予想に反してこの植物はもともと南イタリアに自生していたわけではありません。イスラム教徒によってシチリアにもたらされて初めて、この地に根づいていった植物なのです。シチリアの生活と経済を潤してきた貴重な果物が、実は侵略とともにやって来たというのも、なんとも皮肉な話。しかしこれもシチリアにおけるイスラム支配のポジティヴな一面を象徴しているようで、はなはだ教訓的でもあります。

当時飛ぶ鳥を落とす勢いだったイスラム勢力が**ビザンチン**[※注1]の支配下にあったパレルモを

占領したのは、西暦八三一年のことでした。当時すでにイベリア半島を手中にしていたイスラム勢力は次なる標的「地中海の要塞」シチリアへも、ついに触手を伸ばしてきたのです。シチリア全土を制圧するのはパレルモ陥落から約七〇年後の九〇二年ですが、パレルモがシチリアの首都の地位を手に入れることになったのは、実はこれがきっかけでした。

紀元前八世紀ごろ**フェニキア人**※注2によって建設されたパレルモは、イスラム侵入以前もけっして小さい街ではありませんでしたが、シラクーサ、アグリジェントなどシチリア東南部の旧ギリシャ都市国家とくらべると、見劣りしたのは否《いな》めません。ギリシャ時代には、天然の良港があったことからパノルモス（全部が港）と呼ばれていたのが、ローマ時代にはパノルモと名を変え、イスラム教徒はそれを踏襲して、ここを「バラルム」と呼んでいたそうです。これが現在のパレルモという地名の由来です。

ローマによる植民地支配以来停滞していたシチリアを、地中海の雄として再び蘇らせたのが、このイスラムの民です。一般にイスラムというと、「**片手にコーラン、片手に剣**※注3」の血なまぐさい侵略と強引な政策で恐れられていたような印象もあるかと思います。ところがシチリアを占領したイスラム教徒たちは、ビザンチンの人々やシチリア人など被征服民に対してイスラムへの改宗を求めることもなく、他民族との融和を旨としました。

ところで当時のアラブ人がヨーロッパ人にくらべ、特に科学技術面ですぐれた文化を持っていたことは、よく知られているところ。スペインの農業革命も、ひとえに、かの地を征服したアラブ人のおかげといえるでしょう。とりわけ当時最新の灌漑《かんがい》技術にすぐれていた彼等は、スペインでもその技術をフルに活用し、農業の生産性を飛躍的に高めたのです。

シチリアでもスペインと同様の改革が進められました。中でも興味深いのは、この時期のシチリアでは、なんと土地の細分化が進められていった事実です。大土地所有の解体は、旧ビザンチンの支配階級を弱体化し、聖職者の影響力を最小限にとどめ、その結果、シチリアにはイスラム文化の花が開きます。ところがそれは同時に強固な中央権力の形成を阻み、シチリアにおけるイスラム勢力を内側から弱体化させる結果にもなりました。その後シチリアを支配したスペインによる封建的大土地所有を思い起こすと、まさに開いた口が塞がりません。シチリアの歴史というのは、なんという皮肉の連続なのでしょう。

その輝かしい歴史のわりに、パレルモにイスラム時代の名残りは多くありません。この時期パレルモを埋め尽くしたといわれるイスラム寺院・モスクは、今や一つとして残っていないくらいです。でも目に見えないさまざまな形で、その影響を見つけることは、意外と簡単。シチリアの典型的な名字や方言の中には、今でもアラビア語起源の言葉がたくさん残っているとのこと。地名にもまた、アラブ起源を思わせるものがかなりあります。映画『ゴッドファーザー』でマフィアの町として有名になった「コルレオーネ」、ガリバルディが率いたリソルジメントの戦場となった「カラタフィーミ」などがその代表的な例でしょう。なにもシチリア方言に限ったことではありません。たとえばイタリア語のragazzo（ラガッツォ）という単語。ちょっとイタリア語をかじったことがある人なら誰もが知っているはずの、「少年、若者」を意味する言葉ですが、この起源も実はアラビア語です。

イスラム時代にまでさかのぼる建築物は、「アラブ・ノルマン様式」として、今ではいっしょくたにまとめられています。アラブ時代からノルマンにかけての、ある種の連続性のあらわれなのでしょうか。

実際パレルモの郊外に、イスラムからノルマンへの移行を体現しているような、一つの建物があります。その名をサン・ジョヴァンニ・デイ・レッブロージ教会、つまりハンセン病患者のための聖ヨハネ教会。イスラム時代には要塞だったものを、ノルマン・アルタヴィッラ家のルッジェーロ一世が勝利を記念して教会に変え、聖ヨハネ教会の名を与えました。一一五〇年にはハンセン病患者のための施設に転用され、名前だけが当時のまま、今に至っています。中に入ってみるとアラブの要塞だった痕跡が一目でわかりますが、これが今のパレルモに残る、目に見える数少ないイスラム支配の名残りかもしれません。

その他、イスラムの宮殿がそのままキリスト教会になったような赤い丸屋根の聖カタルド教会や聖ジョヴァンニ・デッリ・エレミーテ教会などは、アラブ・ノルマン様式の代表作でしょう。ビザンチン風の絢爛《けんらん》豪華なモザイクを誇るマルトラーナ教会、ノルマン宮殿、モンレアーレのドゥオーモ（大聖堂）などは、様式も理屈抜きでとにかくエキゾチック。

バロック風のマルトラーナ教会とアラブ風の聖カタルド教会のコントラスト

世界に他に例を見ません。「アラブ・ノルマン様式」、つまり「パレルモ様式」と呼ぶよりほかに、呼びようがないのではないでしょうか。
　事実シチリアを征服したノルマン人は、イスラム教徒が基礎を作った建物に手を加えて、独自の様式を造り上げていったのです。だからこの「アラブ・ノルマン様式」という言葉、もちろん美術・建築上の様式の連続性を指しているのですが、それよりも何よりもノルマン人がイスラムのシチリア支配の「精神」の継承者であった事実をあらわしているような気がしてなりません。
　ご存じの人もいると思いますが、ノルマン人とは九世紀末にセーヌ河口に定着したデーン人ヴァイキングの子孫で、もとをただせば単なる辺境の「野蛮人」のこと。九一一年にフランク王国のシャルル単純王からノルマンディーに封土を授けられ、ノルマンディー公に封じられて初めて、彼等は世界史の表舞台に登場してくるのです。そのノルマンディー公ウィリアムがイングランドを征服するのですが、すでに三〇年来シチリア攻撃のために南イタリアに遠征していたノルマン騎士アルタヴィッラ家のロベルト・イル・グィスカルドとルッジェーロ（のちのシチリア伯）の兄弟も、一〇七二年にパレルモに上陸、シチリアのイスラム支配に終止符を打ちます。

シチリアを支配するにあたってまずノルマン人たちが着手したのが、行政機構の整備でした。役人、財務官の任命、王の裁判権と裁判官の任命等の領域を中心に、徐々に国家の骨組みが整備されていきます。イスラム教徒が寛容な政策を肯定しながらも、その制度上の弱さから自滅していったことを考えると、非常に賢明な選択だったと言わずにはいられません。そしてそのうえで、寛容の政策を徹底したのです。被征服民族のアラブ人を追放せず、民族と宗教に関係なく、法の下でのすべての臣民の平等を保証しました。それに加えてギリシャ語、アラビア語、ラテン語、そしてフランク・ノルマン語すべてを公用語としたことは、まさしくその寛容の精神のあらわれではないでしょうか。相手の言葉を尊重することは、真に相手の人格を尊重することにつながります。とても千年も昔のこととは思えません。だから二十世紀にもなって人の国へ押し入った揚げ句、その国の言葉の使用すら禁じた野蛮人は、自らの行為を心から恥じてしかるべきなのです。

ノルマン支配期のコスモポリタン都市・パレルモの様子を伝える、エピソードがあります。パレルモを訪れたイスラム教徒の旅行者、イブン＝ジュバイルは、キリスト教徒の婦人たちが完璧なアラビア語を操るのを耳にしてまず驚きますが、もっと驚いたことに、彼女たちは「イスラム女性のような」服装をして、「イスラム女性のように」振る舞っていたのです。金糸で縁取られた絹の服、エレガントなマント、色とりどりのヴェール、足元を金色のブーツで飾り、おおげさにアクセサリーで飾り立て、クリスマスの晩に教会に向かうさまが、イスラム女性にそっくりだという彼の意見。それに彼女らの化粧法もアラブ風だったということで、想像するだにかなり派手好みではありませんか。質実剛健な、いわゆるノルマン的な風俗とは、なんだかちょっと相いれないような気もするのですが……。

これは当時の最新トレンドだったのでしょうが、シチリアに定住したヴァイキングの子孫たちはこの島にクロス・オーバーした文明を受け入れて、短期間のうちにすっかりコスモポリタンになってしまったようです。道を歩けば居住区をともにする諸民族のあらゆる言語が聞かれ、カトリック、**東方教会**[※注4]、イスラム教、そしてユダヤ教の祈りの声が街のあちこちから上がってくるさまはエキゾチックであるだけでなく、今日の蔓延する宗教的対立を思うに、この千年間で人類は果たして進歩したのか退歩したのか、わからなくなります。

形式的にはシチリアから「イスラム勢力を駆逐した」のだから、その後のノルマン人たちにはシチリアの再キリスト教化、つまりキリスト教会建築の任務がありました。そこで誕生したのが、イスラムの遺産に便乗したアラブ・ノルマン様式の建築群です。今日のパレルモに残るこの時代の遺産が、すべてルッジェーロ一世による一〇七二年のパレルモ占領から一一八九年のグリエルモ二世の死までの間、わずか百二十年間で完成されたことは、その見事な出来栄えを見るにつけ、驚異的なことに思われてなりません。そしてその建築ブームを支えたのが、豊かな王室財政だったわけです。シチリアの支配者となるやいなや、まずは官僚組織を整え、組織的に徴税を行った賜物でしょう。ノルマン王朝の繁栄も、実は堅実な国家組織と好調な経済に支えられていたのです。

そんな空気の中、stupor mundi（ストゥポール・ムンディ）「世界の驚愕」と呼ばれたフェデリーコ二世が登場します。ヨーロッパ最先端のフェデリーコ二世下のパレルモの宮廷というと、口語詩の確立など、その文化的な業績でつとに有名です。それはそれで事実なのですが、彼の生きた時代がノルマン王朝期のように幸せな時代であったかというと、それはまったく逆で、実はもう血で血を洗う戦国の世に突入していたのでした。つまり、この「近代人」が玉座についた時には、パレルモの宮廷でのんびりと「寛容」に構えてはいられませんでした。南イタリアのフェデリーコ王国は、ローマ教皇庁を中心とした諸侯

モンレアーレのドゥオーモ（大聖堂）の回廊と、柱のみごとな象嵌

との出口のない戦いに巻き込まれ、したがって彼の後半生も戦いのみに明け暮れていたのです。

そんな時代背景もあり、今日の尺度で彼の「近代性」を判断するのは危険でしょう。「近代人」と呼ばれるからには、きっと慈悲に富んだ寛容の精神の持ち主で、そのうえ「詩人」だったくらいですから、コスモポリタンなパレルモの宮廷で優雅に過ごしていたのかと思うのは、たいへんな誤解というものです。あくまでも当時の尺度で近代人だったのであって、啓蒙主義的あるいは人間性尊重といった意味で近代人だったわけではありません。

こうなると「近代とは何なのか」というやっかいな問題になるのですが、てっとり早くそれを理解するために、ちょっと乱暴な比較になりますが、織田信長という戦国時代の武将を思い出してみてください。

十六世紀の日本で戦国時代の混乱を収拾し、国家統一を図ろうとした信長は、たいした専制君主でもありましたが、それと同時に伝統的な君主とは一線を画する先見の明を備えていたことでも有名です。ヨーロッパから渡来した当時最新の科学技術に興味を示し、いち早く鉄砲を導入したり、商業活動を活性化させ、宗教権力に対する世俗の権力の優先を徹底させるなど、よしと判断すれば旧来の因習に囚われない潔《いさぎよ》さを持ちあわせていたからです。彼こそ日本史における最初の近代人なのかもしれません。彼が神も仏も恐れなかったのは、比叡山の焼き討ちや一向一揆の鎮圧からもわかります。

王権の強化による中央集権化、それも経済の中央集権化への過程を近代化の端緒と見なすなら、信長同様フェデリーコ二世も当時は稀な「近代人」だったのでしょう。一一九八年にシチリア王として即位したとき、まだ四歳にもならない子供だったフェデリーコ。彼の母方のノルマン王朝がすでに整備していた中央集権的な官僚、裁判、税制を、彼は徹底的に利用し、拡大することに努めました。一二三〇年にローマ法をもとにした「メルフィ法典」を発布したり、経済面では貿易活動を国家の独占にするなど、封土にもとづいた封建的な経済が優越していた当時にあっては画期的な国家運営であり、のちの絶対主義の先駆にも思えます。

神も仏も恐れなかったとは言いませんが、ローマ教皇を恐れなかったのは、メルフィ法典を見ても明らかです。「神の代理人」としてのローマ教皇の権力を認めず、王権は神から直接授かったものと考えていたのですから、ローマ教皇庁を全面的に敵に回してしまったのも不思議ではありません。当時のローマ教皇は「神の代理人」というより、強大な世俗の一国家の君主以外の何者でもありませんでした。教皇庁が存在し、すべてに関して横槍を入れる限り、イタリアに近代的な中央集権的民族国家など出現しようがありません。

そんな中、父からドイツ皇帝領を、母から南イタリアのシチリア王国双方を手中にしたフェデリーコは、中部イタリアに位置して諸侯のバランス・オブ・パワーを図っていた教皇にとっては目の上のこぶに違いなかった。だから教皇はフランス王家、特に野心家の王弟シャルル・ダンジューと手を結び、フェデリーコとの全面的な戦争に突入していくのです。こうして果てしない戦乱に巻き込まれた彼は、愛するパレルモの宮廷に帰ることもなく、遠征先のイタリア南東部プーリアのフィオレンティーノ城で病死したのでした。

当時のヨーロッパ最先端の宮廷として名高いフェデリーコの宮廷ですが、不思議なことにパレルモにはフェデリーコによる建築物というものは残っていません。アラブ・ノルマン様式の宮殿や教会はすべてノルマン王朝時代の建築で、その次にはもうスペイン風のカタロニア・ゴシック様式にまで飛んでしまいます。

フェデリーコの名を冠した建物は、逆にシチリア東部および南イタリアに多くあります。それもみんな揃いも揃って八角形の塔を持つ、無骨な要塞で、教会や宮殿などは皆無です。そんな要塞の中で最もよく保存されているのは、プーリア州にあるカステッロ・デル・モンテの要塞ですが、シチリアもカターニア、シラクーサ、アウグスタなど、教皇庁との最前線であった西部に多く残されています。そんなことも戦乱に明け暮れなければならなかった彼の一生を象徴しているような気がしてなりません。彼の先祖が豊かな国庫を教会、宮殿建築に向けたのに反し、彼はどうも戦争に支出せねばならぬ運命だったようです。

田舎者の信長にくらべると、フェデリーコ二世のほうがはるかにコスモポリタンで教養もあった分、さらに魅力的だった気もします。彼の一挙手一投足がのちの物語作家によって脚色され、気の利いたエピソードになって後世に伝わっています。子供のころ、ぼろをまとってパレルモの街をうろつき（信長にもこんな話はあったか……）、アラブ人の家庭に親切にしてもらったとか、ドイツ語、ラテン語、アラビア語、ヘブライ語などさまざまな語学にも堪能で、一二二九年、十字軍遠征先で相手のスルタンと直接交渉を試み、エルサレムに無血入城してしまったのも、彼を巡る数多いエピソードの一例でしょう。

卓越した政治家であり、騎士であり、狩人であり、詩人であった近代人フェデリーコ二世の死後、シチリアはすぐさま混乱状態に入ります。結局はローマ教皇の後ろ盾を得たシャルル・ダンジューが島を獲得しますが、この短期間のフランス支配が「シチリア島の晩鐘」の乱（一二八二年）によって破綻したのち、ようやくシチリアが安定するのは、一二九五年にスペインのアラゴン家が封土として正式に教皇からシチリアを譲り受けた時でした。

シチリアがスペイン・アラゴン王家の支配に組み入れられて以来、パレルモにはスペイン総督府がおかれます。そんな中でシチリア全体が疲弊していくのに反比例して、首都パレルモは賑わいを見せ始めます。次第に土地貴族が領地をあとにしてパレルモに居住する傾向が強まり、首都がますます華やかになっていくさまは、のちにゲーテも報告しているところです。

首都の華やかさの裏でスペイン支配期のシチリアの暗黒の面を代表するのが、教会によって導入された**異端審問**[※注5]でしょう。アラゴン家のアルフォンソ・カトリック王によってシチリアにも一四八一年に異端審問所が設置され、ようやくそれが廃止されたのは一七八二年のこと。つまりゲーテが訪れるたった四年前のことでした。

こんな時代を代表する建築様式が、**カタロニア・ゴシック様式**[※注6]です。ヴィットーリオ・エマヌエーレ通りを港のほうに行くと、広々としたマリーナ広場があり、そこに面して建っているのがキアラモンテ宮殿。一三〇七年に、当時権勢を誇ったキアラモンテ家によって建てられたカタロニア・ゴシック様式の傑作で、今日ではパレルモ大学の本部になっています。広場には巨大なフィクスの木が茂り、いかにものんびりとした雰囲気をかもし出していますが、ところがこの宮殿、スペイン時代には異端審問所の所在地という残忍な歴史の舞台でした。宮殿前のマリーナ広場こそが**アウト・ダ・フェ**[※注7]、そして焚刑《ふんけい》執行の場だったのです。その意味で、当時の時代精神を象徴するような建物といえましょう。

一七二四年のパレルモでの焚刑はとりわけ有名で、尼僧、聖職者、信者の三人が、異端の罪で火あぶりにされました。そういえば一七五五年のポルトガルの大地震の直後に、かの地でも焚刑が執り行われたことは、フランスの思想家ヴォルテール作の『カンディード』にも詳しいですね。賛美歌が流れる中、異端者が鞭打たれ、火あぶりにされるのです。

十八世紀にもなってこんなことがあったなんて、西ヨーロッパ中心の歴史観からはとても想像できません。でもこれがイベリア半島やスペイン勢力下にあったシチリアの現実だったのです。やっとのことで異端審問所を正式に廃止した立役者シチリア総督ドメニコ・クラッチョロは、長くフランス大使を務め、かの地でディドロ、ダランベールなど著名なフランスの啓蒙主義[※注8]者とも親交のあった人物です。

植民地時代の暗黒面をあげつらうのはこのへんでやめておいて、当時の「美しいパレルモ」も探求してみる必要があります。でもそれを探すとなると、そのキーワードはやはり「バロック」ということになるのでしょう。

クアトロ・カンティを別として、パレルモのバロックは「発掘」しなければなりません。排気ガスで真っ黒のクアトロ・カンティだって、下手をすると通り過ぎてしまう可能性だってあるほど。それにローマのようにいかにもこれ見よがしに、バロックのファサードや噴水が並んでもいません。旧市街の町のバルコニーの曲線など、これもよく見れば南イタリアのバロック以外の何物でもないのですが、余りにも有名なアラブ・ノルマン様式の建築物の陰に隠れがちです。特に滞在日数の少ない旅行者にとっては、見るものが余りにも多すぎて、バロックにまで手が回らないのが現実です。

パレルモのバロックも探せばいくらでも出てきます。たとえばカーサ・プロフェッサなるイエズス会の本部として建てられた教会。色大理石を「これでもか！」と所狭しと埋め込んだ、見物後には消化不良を起こしそうな、とんでもなく華やかな建物で、ここを訪れる観光客ならけっこういるはずです。しかしいちいち教会の名前を列挙してもしかたないので、ここではパレルモのバロックを代表する一人の芸術家の名前を挙げるにとどめておきましょう。

その名はジャコモ・セルポッタ。一六五六年にパレルモの下町カルサ地区で生まれた生粋《きっすい》のパレルモっ子です。彫刻家として有名な彼の作品を見るためには、教会の中に足を踏み入れる必要があります。教会の外部よりも内部に見るべきものが多いというのは、パレルモのバロックを見る際に、共通して言えることでしょう。教会の天井や列柱を飾る彼の作品ですが、大理石ではなくスタッコを使ったやわらかさが大きな特徴で、オラトリオ・ディ・サン・ロレンツォ、聖アゴスティーノ教会、聖チータ教会の扉を押すと、そこにはセルポッタ独特の世界が開けています。

ところがパレルモに限らず、シチリアのバロックを見る際に、大きな問題が観光客を待ち受けているのです。とにかく教会が閉まっていて、中に入れない。理由は修復中だったり、盗難にあってそれ以来公開していないとか、ミサの時間にしか入れない（この場合は早朝の七時に行けばいい）など、いろいろ。意気込んで行ったはいいけれど、扉は無情にも閉まっていた、なんてことが多々あるので、事前に綿密に計画を練ったほうが賢明です。最近はかなり改善されたようですが、九〇年代初めにシチリア・バロックツアーを決行した時には、何度開かずの扉にぶち当たったことか……。しかしそこをなんとか拝み倒して入るのが、観光客の腕の見せどころ。みなさんも頑張ってください。

ところで、扉の陰に隠れたセルポッタの作品群。天井を飛翔する天使の群れ、恍惚の表情を見せる聖女たち。**レパントの海戦**[※注9]の勝利を記念して作られた聖チータ教会の作品にしても、「野蛮な」イスラムに対するキリスト教の勝利というには、あまりにも愛らしく、人間的すぎます。公の意図と芸術家の内面とが、あっけらかんと乖離《かいり》している好例でしょう。世界のバロック全体のうねりの中で見れば取るに足りない作家かもしれませんが、彼のやわらかな作風を見ていると、バロックを反宗教改革のためのプロパガンダとしてしか捉えない解釈が、いかに間違っていたかがわかるはずです。

　同じことが、パレルモの守護聖人聖ロザリア廟にもいえましょう。パレルモの観光名所モンテ・ペッレグリーノに建つ聖ロザリア廟にある、横たわる聖女の官能的な大理石像は、同じく十七世紀の彫刻家**テデスキ**[※注10]の手になるもので、ゲーテをして「美しい眠っている婦人像の呼び起こす幻想は、いかに習練をつんだ人の眼にもなお魅力を持っているものである」と言わせるほど魅惑的。これもパレルモ・バロックの隠れた本質なのでしょう。

　このあたりで、話を我らが主役ゲーテに戻さなくては。

　ゲーテの筆が生き生きと描き出しているパレルモは、ほとんどバロック前後の建築物といっていいかもしれません。カテドラーレ（大聖堂）やノルマン宮殿なども人に連れられて見物してはいますが、彼が心の底から驚き、半ばあきれて長々とその感想を並べ立てているのは、比較的新しい時代のものばかりです。それも正統バロックからは離れた、傍流のバロックばかり。「無秩序というものを死よりも嫌いな人間」たることを自認していたくせに、こんな「キワモノ」に興味を引かれずにいられないところが、このおじさんの、なんともいえないお人柄というものです。

洗練された趣味の持ち主だったゲーテは、建築物も街の風景も、調和のとれた古典的なものを好んだようです。当時のプレトーリアの噴水に関する記述が、その何よりの証拠かもしれません。現在の市庁舎前のこの噴水は、フィレンツェの彫刻家カミリアーニの手によって一五五〇年前後に完成されたのち、解体されてパレルモまで運ばれてきたそうです。その作風がルネッサンスというより**マニエリスム**[※注11]に近いのは、裸体の彫刻の、古典的というにはほど遠い、妙に崩れた表情からもうかがえます。ゲーテの記述によると、噴水のまわりには色大理石でできた台座や飾りや動物が所狭しと巡らされ、肝心の噴水がどこにあるのかもわからないジャングル状態だったとか……。マニエリスムとバロックの奇妙な合体です。いったいどんな悪趣味なものなんだろうと、「過剰の美」を期待して噴水見物に出かけたのですが、こんなにがっかりしたことはありません。広場に着いてみると、そこにあるのは小綺麗なモニュメントのみ。白い大理石の噴水が中央に鎮座ましましているだけで、色大理石の台座なんてどこにもないし、同じく色大理石でできた馬も駱駝《らくだ》も獅子も象も見当たりません。そのかわりに噴水を囲むのは、趣味よくしつらえた鉢植えの大群。彫刻つきの噴水自体、わざわざ解体してフィレンツェから持ってくるような代物とも思えないし、悪趣味だからこそ、価値があるものだってあるでしょう？

　同じことが、パレルモ近郊のバゲリアのパラゴニア荘にもいえるでしょう。かつてゲーテに口を極めて罵られたこのパラゴニア公の別荘は、人間とも動物ともつかない彫刻で飾られた「怪物」の館としてつとに有名です。ゲーテの作った目録によると、「人間の部では、乞食、女乞食、スペイン人、スペイン女、黒人、トルコ人、佝僂《せむし》、いろいろな畸形《きけい》者、侏儒、音楽師、道化役、古代の服装をした兵士、神々、女神、古代フランスの服装をしたもの、弾薬盒《ごう》とゲートルをつけた兵士、それにまた道化役を連れたアキレウスとキロンといったような、神話的人物」がいて、動物の部には猿、馬、竜、蛇などと人間の間の子らしき怪物がぎっしり……。

　そんなものが所狭しと並べられている様子は、どう考えたって普通ではありません。だから、いったいどんなグロテスクな光景が……と、胸を躍らせて入ってみると、ここでもやはりそうでした。この二世紀のうちに、あたりはまったく様相を変えています。広大な敷地を持っていた別荘が、小さくなったのは予想していました。かつての別荘の敷地のほとんどは市街地となり、今では小さな館の部分と、それを囲む半円の塀が残されているだけ。その塀の上に、申し訳程度に「怪物」たちがのっているのです。

悪趣味でゲーテを嘆かせたプレトーリア広場の噴水の彫刻

パラゴニア荘の彫像が鎮座まします塀のすぐ後ろはもう住宅地

黄土色の「粗悪な貝殻凝灰岩」でできた四頭身のマンガ的怪物たちは、よく観察してみると確かに愛嬌たっぷりです。でもいかんせん、数が少なすぎる。パラゴニア公の子孫がみんな捨ててしまったのだという説明でした。捨てたい気持ちもわからなくはないけど、せっかく「文豪」がここまで罵詈雑言を並べ立ててくれたのだから、その記念にとっておけばよかったものを……。これも数で勝負したらさぞ壮観だったろうに、なのに数が少なくなって、魅力もインパクトもどこかへ行ってしまったものの好例でしょう。

しかし、ゲーテのパレルモ滞在の目玉は、なんと言っても希代の詐欺師にして大魔術師、カリオストロことジュゼッペ・バルサモの留守家族訪問です。

ゲーテの同時代人カリオストロは、パレルモ生まれの大詐欺師。秘密結社フリー・メイソンの大物であったとも言われています。あの『首飾り事件』[※注12]に連座して、パリのバスティーユ牢獄に幽閉され、ゲーテのイタリア旅行当時は、ロンドンに滞在していたとか。

そのカリオストロの留守宅を、なんとゲーテはイギリス人を装って訪問します。なぜ、そこまでカリオストロに執着したのかわかりませんが、持ち前の好奇心から「この一風変わった人間の親類と知り合いになりたい」と考えたゲーテは、バスティーユの禁固から放免され、ロンドンにやって来たカリオストロの消息を家族に報告する、という念の入った筋書きを立てたのです。でも、ゲーテがこんなに嘘つきだとは知りませんでした。はっきり言って、カリオストロといい勝負です。

それにゲーテの嘘にしっかり騙された家族は一家をあげてゲーテを歓迎し、涙ながらに感謝の気持ちを繰り返したのです。さすがのゲーテもこれには自分の好奇心を反省したらしく、カリオストロの借金を肩代わりしようかという気持ちもわき上がってきます。でもこれからの長い道程を思うにつけ、「身分不相応にも、不埒な人間の不正な行為を心からの厚意で尻拭いをしてやったりしたら、私自身がさっそく窮してしまうだろう」と気づき、すぐ撤回するのですけど……。

ところでカリオストロ宅ですが、今でもパレルモの旧市街を歩いていると、いたるところに、「カリオストロの生家」と書かれた看板を目にします。それも超メジャー観光地たる「こちらノルマン宮殿」の看板の、軽く五倍以上の数はあるのです。そのうえ州の観光協会公認の正式な看板なので、じゃあ行ってみようか、ということで看板の矢印に従って歩くのですが、カリオストロの家らしきものは、どこにも見当たりません。ほかの方向から攻めてみても、結果はまったく同じです。

矢印に従うと、最後にはいつも同じ場所にたどり着くことは着くので、きっと場所は間違ってはいないのだと思うのだけど。でも「ここがカリオストロの家」という看板のところにあるのは、大きなごみ箱だけなんですよね。わたしの友人も、二人同じ目にあっています。そしてその二人ともこのごみ箱を写真に撮ったのですが、オーロラみたいな影が出てしまって、写真はボツ。観光協会の冗談なのか、それともカリオストロの霊のいたずらなのか……。誰か教えてほしいものです。

今までわたしたちはずっとパレルモの、旧市街といわれる地区にとどまっていました。このあたりで歴史散歩の仕上げとして、ゲーテの時代には存在しなかった新市街のほうにも足を運んでみる時期です。前章で新市街のことを「無個性」とか「国籍不明」とかさんざん悪《あ》しざまに罵ったわたしですが、本当のところ、新市街にも見るべきものは多いのです。それにパレルモでゆっくりお茶を飲みたかったら、やはり新市街のカフェへ行くしかありません。

パレルモの新市街が十九世紀後半以降のリソルジメントとブルジョワジーの勃興によって形成されたのは、すでに説明したところです。それ以後パレルモには一種の建築ブームが巻き起こります。マッシモ劇場、ポリテアーマ・ガリバルディ劇場など大型のオペラ劇場やコンサートホールが相次いで建設され、パレルモの上流市民に娯楽を提供してきました。今世紀に入るとパレルモにもリバティー様式が入ってきて、新しい物好きの上流階級は早速リバティー様式の館を新市街に建て始めます。イタリア最初の自動車レース「タルガ・フローリオ」が開催されたのもシチリアで、ヨーロッパの王侯貴族たちが集うパレルモは、まさに世界の首都の一つでした。シチリアにも〝古き良き時代〟は存在したのですね。

しかしながら今のパレルモに残るリバティー様式の状況はどんなものでしょう。当時シチリアで一番有力な一家だったフローリオ家が新市街に建てたフローリオ邸は、火災によって消失しています。戦後マフィアが不動産投機の目的で火をつけたのだと、そんな噂もチラホラ。なんだか出口のない現在のパレルモの状況を象徴しているように思えてしかたありません。

そんな中、今いい状態で残っている当時の建物は、パレルモ郊外の海に面したイジェア荘ぐらいのものでしょうか。これもフローリオ家の元別荘ですが、今では最高級ホテルに変わっているから保存されているにすぎません。これが昨今の経済効率というものなのでしょう。

千二百年の歴史散歩もそろそろ終わりに近づいてきました。あまりの歴史の重みに疲れたら、植物園に寄ってみてください。植物園こそ、ゲーテの時代から変わっていない数少ないパレルモの一つだとわたしは確信しています。パレルモ散策に疲れたゲーテがここで静かな瞑想の時を過ごしたように、現代の騒がしいパレルモに疲れても、ここならきっと心が休まることでしょう。

でも一休みしたら、きっとまた街に繰り出してみたくなってくる……。どんなにうるさくても、排気ガスくさくても、治安が悪くても、パレルモはそれを補って余りある魅力を備えています。数あるシチリアの街の中でも、パレルモこそが、やはり王たる街と呼ばれる所以でしょう。

名所旧跡も見物し、パレルモ滞在もあと僅かとなると、お土産のことも考えなければ……。ということで、本当は買い物なんか大嫌いだけど、しかたないから店をのぞいてみます。わたしの友人には、シチリア特産の食料品が受けているようです。有名なところでは唐辛子のきいたサラミや生ソーセージ。アーモンド生地でできたお菓子は、フルッタ・デッラ・マルトラーナにしてもクッキーにしても、もちがいいですから、お土産に好都合でしょう。勇んで食料品店にハム・ソーセージ類を買いに出かけたわたしの、ささやかな体験談を聞いてください。ちょうど手があいていたお店の奥さんと話し込んでいたら、彼女がおもしろい内訳話を

パレルモの植物園には極東の珍しい植物も

してくれました。

「確かに唐辛子のソーセージもいいけど、これは実のところ北イタリア、エミリアあたりから来るんですよ。シチリア好みに唐辛子をきかせてありますけどね。田舎に行けばお手製のソーセージを作ってる家庭もあるけど、お店で売られているもののほとんどは、実はエミリア製」

だから本当のパレルモ土産がほしかったら、マグロの燻製などいいのではないかしら、とのこと。これなら正真正銘のメイド・イン・シシリーです。

ところでシチリアのマグロ漁は、一種の文化でもあります。シチリアの人々は長いこと、マグロ漁に、アラブから伝わった「マッタンツァ」と呼ばれる漁をしていました。簡単にいうと一種の囲い網漁なのですが、その特徴は魚をたくさんの小船で網に追い込んだところを、棍棒で殴り殺していくこと。海が血で真っ赤に染まる様子は、野蛮といえば野蛮だし、どこかの動物保護団体からクレームがついてもおかしくはありません。実際、ロッセリーニ監督の映画『ストロンボリ』のイングリッド・バーグマン演じる主人公は、その様子に気分を悪くしています。でもヘミングウェーあたりなら大喜びしそうな、すこぶる男性的な漁とも言えます。

このマグロ漁も、動物保護団体から非難されるより前に、時代の流れとともに姿を消してしまいました。今では近代的な装備を持った船団が近海まで漁に出かけて行きます。しかし漁の方法が変わっても、マグロ料理は今でもパレルモ名物です。複雑な料理法も工夫されていますが、炭火で網焼きにして、オリーブオイルとレモンでさっぱり食べるのが、やっぱり一番の御馳走のようです。

ところでパレルモ沖で水揚げされたマグロのほとんどが、いったいどこへ出荷されるか、ご存じでしょうか。そう、ご明察のとおり、日本です。オリーブオイルとレモンならぬ、醬油とワサビでわれわれが食べている刺し身が、実はパレルモ産だったとは……。

シチリアは、もう遠い島ではありません、本当に。

※注1　ビザンチン／東ローマ帝国（三九五～一四五三年）の別称。西ローマ帝国の崩壊（四七六年）後も皇帝教皇主義をとり、独特の文化を育てる。一時、シチリアも支配下におく。

※注2　フェニキア人／紀元前十二世紀以来、地中海交易に従事していたレバノン近辺のセム系民族。アルファベットを作り、航海術にもすぐれ、地中海各地に植民市を建設。中でもカルタゴが有名だが、シチリアでもパレルモのほかエリチェ、モツィアなどを建設した。

※注3　「片手にコーラン、片手に剣」／イスラムの好戦性と被征服民に改宗を強要したことをいう。初期イスラムは確かにジハード（異教徒との戦い）を重視したが、イスラム教徒の重要な勤めである「五柱」には含まれないので、キリスト教徒側の偏見も入っているだろう。

※注4　東方教会／ローマ・カトリック教会に対する、ギリシャ（およびのちのロシア）正教会の総称。聖像禁止令をめぐり、一〇五四年にローマから完全に分裂する。

※注5　異端審問／中世、近世を通じてカトリック教会により行われた、異端思想および教義の取り締まり。多くの知識人をも異端として火あぶりにした。

※注6　カタロニア・ゴシック様式／ゴシックとは十二世紀中ごろ北フランスで起こった芸術様式で、ルネッサンスまで続く。中でも高い尖塔を持った教会建築はその代名詞。スペイン東南部・カタロニアの後期ゴシックは、イスラムの影響下に装飾性が高く、馬蹄形アーチの使用など独特の発展をした。

※注7　アウト・ダ・フェ／ポルトガル語の auto da fe（信仰表明）に由来する言葉で、本来スペインの異端審問所の判決宣告の儀式をさす。異端審問所の判決には死刑はないが、国家権力とも結びついていたので、実質的な極刑として焚刑も行われた。そこから焚刑の意にアウト・ダ・フェという言葉が使われるようにもなる。

※注8　啓蒙主義／十六世紀終盤から十八世紀後半にかけて西ヨーロッパ、特にフランスで勃興した人間性と理性尊重の思想。フランス革命の思想的バックボーンとなった。

※注9　レパントの海戦／一五七一年、スペインを中心とする西欧連合艦隊が、ギリシャ・コリント湾のレパントでトルコ海軍を破った戦い。

※注10　テデスキ／グレゴリオ・テデスキ。十七世紀（一六〇九～三四年ごろ）のフィレンツェの彫刻家。

※注11　マニエリスム／ルネッサンスからバロックへの移行期に起こった芸術上の一様式。誇張の多い劇的な表現を特徴とする。

※注12　首飾り事件／一七八五年、フランス王妃マリー・アントワネットに取り入ろうとしたロアン枢機卿に一六〇万リーヴル（リーヴルは当時の貨幣単位）のダイヤの首飾りを売りつけんとした詐欺事件。犯人グループの計画では、枢機卿から代金を巻き上げてダイヤはバラにして売るはずだったが、事前に事件は発覚、カリオストロは仲介役として事件に連座してしまう。長い目で見ると民衆の中に反王室感情を根づかせ、フランス革命の契機ともなった事件。

第5章 シチリアの地に古代ギリシャを発見

セジェスタ、セリヌンテ、アグリジェント

パレルモの過去と現代をくまなく見るには、二週間あっても十分とは言えませんが、いつまでもここにとどまっているわけにもいきません。長いパレルモ滞在でしたが、そろそろこの街をあとにして、旅を続けなくてはならないころです。イスラムからシチリアの現代までをざっと眺めたあとは、シチリアのルーツと言える「マグナ・グラエキア」こと大ギリシャの遺跡も訪ねずにすますわけにはいきません。ということで、次の訪問地たるギリシャ神殿の里、セジェスタへ向けて出発です。

ところでパレルモを発ったゲーテですが、モンレアーレを経由して、すぐにアルカモの街に入ります。当時は山越えの街道が、セジェスタへの一番の近道だったのでしょう。でも今では列車や路線バスなど、いずれの交通機関を利用しても、アルカモの少し手前まで海沿いの道を行くのが普通。常に右手に見え隠れする海岸線から左手に目をやれば、初めのうちは郊外の住宅地、そして次第に畑や丘陵地などがあらわれてきます。車窓を次々と飛んでいく柑橘類とオリーブの木に目を奪われているうちに、大都市パレルモでは見られなかったシチリアの姿がだんだん見えてくるはずです。

世界中どこに行ってもそうなのでしょうが、ゲーテの旅した十八世紀末のシチリアを、今のシチリアで見つけ出すのは至難の技です。パレルモを囲む「コンカ・ドーロ（黄金の窪地）」も、もはや緑の後背地ならぬ、単なる郊外の住宅地になってしまったのは、もうこの目で目撃したところです。しかし『イタリア紀行』の時代そのままに残っているところも、皆無というわけではありません。一つはエトナ山の山頂付近。活火山の火口があるのだから、これはまあ変わりようがないでしょう。そしてもう一つはこのセジェスタ付近ではないでしょうか。

もちろん劇場の客席から、遥か下に蛇行する高速道路が見えはします。でもそれを除くと、まわりの風景からそこで見られる植物まで、目の前に広がっているのは、『イタリア紀行』さながらの光景のはずです。付近にこれといった町がなく人里離れているのも、セジェスタを昔のままに残した大きな要因かもしれません。

ゲーテの記述そのままに、セジェスタの神殿は野生の茴香《ういきょう》の茂る丘に、人里離れて建っています。こんなにもたくさんの茴香が自生しているのです。シチリア料理に大量の野生の茴香が使われるのも、ここに来て初めてうなずけました。そしてまわりを囲むのは山々だけ。遥か向こうに海も見えますが、なんでこんな不便な山の中に神殿を作ったのか、素人のわたしの理解を超えています。

交通の便の悪いシチリアでは、バスによる団体ツアーも多く組まれていて、ここセジェスタにも多くの観光客がバスツアーでやって来ます。神殿のところで彼等の行動を観察するうちに、どうも神殿だけを見て、劇場など、他の考古学地区は素通りしているらしい彼等の行動パターンを発見。確かに入り口付近の神殿は行きやすく、反面、劇場などの遺跡は反対側の遠い山頂にあります。歩いて行けない距離ではありませんが、勾配もかなりきついので、年配の人には難しいかもしれません。入り口のところからマイクロバスも出ていますが、それもツアーの全員を乗せて行ける大きさではありません。

「バスツアーも便利だけど、せっかくここまできて神殿しか見ないなんて、それじゃあんまりもったいないんじゃない？」

などと思いながら、団体さんを引き連れたガイド氏の説明を聞くとはなしに聞いているうちに、ついつい引き込まれてしまいました。やっぱりプロというのはさすがにツボを心得ている。どこまで本当かわかりませんが、講談みたいでおもしろかったので、ちょっとここに書き留めておきましょう。

彼の説明によると、ここセジェスタはギリシャとの戦いに破れたトロイア人たちの、言うならば落人の集落なのだそうです。ふむ、これはもうホメロスの世界ではありませんか。でも頭から信じるにはちょっとロマンチック過ぎやしません？　でもガイド氏によると、この神殿が何よりの証拠で、紀元前四三〇年ごろに建てられた神殿はギリシャ的というよ

(右)(上)野生のウイキョウの茂る丘に残る、セジェスタの神殿

セジェスタのギリシャ劇場跡からのパノラマはけっこう雄大

り、むしろ小アジア的な特色を強く示しているとか。話はさらに飛躍して、キュプロクス、セイレン、キルケ、シッラなど、シチリア産、非シチリア産の神話的怪物の総登場です。話はますますおもしろくなってきました。

でも、世界で一番美しい**ドーリス式**[※注1]の神殿だと聞いていたし、それに神殿が建てられた紀元前四三〇年ごろといえばトロイア陥落からだいぶ経った、**ペロポネソス戦争**[※注2]のころのはず。なんだか計算が合わないけどまあいいか。細かいことは気にせずに、もうちょっと聞き耳を立ててみましょう。曰く、ここでは牛が宗教儀式の際の犠牲に捧げられていた、これはギリシャにはないことで、すこぶる小アジア的だ、云々。そうかなあ……、ちょっと変な気もするけど。ガイドさんは、何がなんでもセジェスタを叙事詩の世界と結びつけたいようです。でもそういう夢のある解説は、誇張があってもわたしは好きです。

そのうちガイド氏の説明は時代をぐーんと飛び越して、十九世紀後半のイタリア統一になっていました。セジェスタのそばに、カラタフィーミという町があります。建国の英雄**ガリバルディ**[※注3]の率いるピエモンテ軍が、今までシチリアを支配していたスペイン・ブルボン家の軍を破り、破竹の勢いで進軍を開始したところです。ガイド氏が遠くを指さして「あそこがカラタフィーミです」と言うと、聞き入る団体さんたちは一斉に「ホーッ!」。日本人なら関ヶ原を知らない人がいないように、イタリア人ならカラタフィーミの名を知らない人はいないのでしょう。歴史の授業もまんざら無駄ではないようです。

とにかく誤解があるといけませんので、おもしろすぎて肝心の部分をはしょってあるため訳のわからなくなったガイド氏の説明を、ここでちょっと補っておきましょう。トロイアの落人の集落だという点はかなりの確率で本当かもしれません。というのもセジェスタを建設したのは、エミリ人というシチリアの先住民族と外からの移民の混血だと言われているから。この外からの移民というのが、どうも小アジアのアナトリア高原あたりに起源を持つらしく、そうするとそれがトロイアの落人である可能性もあるわけです。

叙事詩には、たとえば『オデュッセイア』に出てくる怪物みたいに荒唐無稽な「嘘」の部分もたくさんありますが、「本当」の部分も隠れています。小アジアのどこかに強大な国があって、そこが滅んだというのも、今日では考古学的に実証されているのです。そしてその国が「トロイア」という名前だったとしてもおかしくはありません。故郷をあとにし、地中海を西へ進んだ彼等がシチリア島にぶち当たったとしても、それもまた、まるっきり不思議なことではないはずです。

それに神殿ですが、もちろん神殿自体は典型的なドーリス式です。それがなんで「小アジア風」になってしまうかというと、それにもやはり一理あります。ふつう、ギリシャ神殿は外側の柱があり、そして回廊、その中にさらに内陣を持っていました。この構造に関しては、あとでセリヌンテやアグリジェントの神殿を見ればすぐにわかります。しかしながらこの神殿には、内陣を造った跡がどこにも見当たりません。それに長いこと神殿建築は外側から内側へと造られていくのだと頭から信じられていたため、セジェスタの神殿が一重なのは、きっと何等かの理由で工事が中断されたのだろうと解釈されていたのです。しかし最近になって、別の説も提出されました。先住民たちが儀式を行った屋外の祭壇に、ギリシャ的な様相を与えるための建築だったのではないか、と。

ガイド氏の物語に客観的な説明を加えると、以上のようになりました。おわかりいただけましたでしょうか。とにかく山あり谷ありのセジェスタの考古学地区では、半日たっぷり遊べます。遺跡ごとに詳しい説明の看板がありますので、それを読みながらゆっくりと回ってください。そんなもの読まなくたって、ゲーテのころと変わらない自然を満喫するだけでも、はるばるここまでやって来た甲斐があるというもの。でも、荒涼とした丘陵地の神殿遺跡が、ほかのギリシャ遺跡とくらべてどこかそこはかとない寂しさを漂わせるのは、アナトリアからやって来た落人たちの趣味だったからでしょうか。なんとなくわたしまでガイド氏に影響されてしまったようです。

さてセジェスタをあとにしたゲーテは、カステルヴェトラーノへと旅を続けます。しかし今日ではセジェスタはパレルモから十分日帰りできる距離です。実際ほとんどの観光客がパレルモをベースにして日帰り旅行をしています。

ところでパレルモからセジェスタに「行く」のは簡単です。朝一番の列車かバスに乗ればいいのですから。それに反してセジェスタからパレルモに「帰る」のは一苦労。いい乗り継ぎがないのです。ではどうしたらいいかというと、帰りはトラパニを経由することでしょう。

「セジェスタからパレルモへ行きにくいのは、トラパニの陰謀だ」という声もあるほどですが、よく地図を確かめてみるとセジェスタはトラパニ県にあるので、セジェスタとトラパニの接続がいいのは陰謀でも何でもなく、当然と言えば当然のことなのかもしれません。だからトラパニから列車やバスですぐにパレルモに帰ってもいいし、時間があるなら、トラパニ見物もできるというもの。われわれにとっては一石二鳥です。トラパニに行ってみない手はありません。

しかしながらトラパニの街に何があるかと聞かれると、答えに窮してしまいます。実際「港があって、それ以外は何もなかった」と答えてくれた人もいました。そう答えたくなるほど一見とっつきの悪いところです。港もあるし、県庁所在地なのだから瀟洒《しょうしゃ》な建物だって一応あります。でもトラパニといえば、一般にはやはり塩田の所在地として有名なのではないでしょうか。

塩の産地シチリアの中でも、トラパニはその中心地。お土産に塩を買うのもいいでしょう。シチリアの塩は本土の塩とは一味も二味も違ううえに、値段も半分以下です。本土の塩は専売で、国の価格と流通の統制を受けていますが、シチリアには塩の専売はありません。そういえば最近、塩に関する苦情をよく耳にします。「パスタをゆでるのにいくら塩を入れても、全然味がつかない、昔の塩はこんなではなかった……」と。本土の専売塩がますます味気なくなるのに対して、シチリアの塩は辛いだけではなく味があると思うのは、単に気のせいでしょうか。本土の塩もシチリアの塩も、どちらもシチリア産なのに、これはどうしたことでしょう。そのうえ専売塩がどこの生産地のものも同じ味をしているのに、シチリアのはそれぞれ独特の味があるようです。自分たちの分と他人の分を区別して生産しているのか、理解に苦しみます。

ところで塩の味見もけっこうですが、トラパニの近くのモツィアの塩田でとれたのは、何も塩ばかりではありません。一度など、ギリシャ時代の彫刻すら「とれて」しまったくらいです。今回のわたしの目当ては、どちらかというと塩やモツィアの遺跡群より、この不思議な彫像だけなのですから。

ここで少しシチリアの古代史の予備知識を。シチリアには前に触れたエミリ人、シカン人、シクリ人などの先住民族がいましたが、有史時代になると紀元前八世紀ごろ東のほうからギリシャ人がやってきて、シラクーサ、アグリジェントなどの植民都市を建設します。それに反してシチリア西部には紀元前八世紀ごろ、フェニキア人が渡って来ました。海の民フェニキア人が、地中海の要塞としてのシチリアに目をつけないはずがありません。彼等はパレルモ、エリチェなどを建設しますが、トラパニとマルサーラの間に位置するモツィアは、フェニキア人のシチリアにおける拠点で、紀元前三九二年にシラクーサによって徹底的に破壊されるまで存在しました。

モツィアの歴史に関してはガイドブックに詳しく書いてありますので、興味のある人はそれを読んでもらうとして、ここでは独断と偏愛を持って、モツィア近くの塩田から偶然見つかったギリシャ時代の不思議な大理石の青年像に触れるにとどめておきましょう。

それは一九七二年に塩田で発見されたギリシャ時代の青年の像。そのアナトリア産の大理石からして、紀元前五世紀の前半にギリシャから渡ってきたものであるのは間違いありません。なぜ、このギリシャの像がフェニキア人の地にやって来たのか、それも十分に謎ですが、それ以上に謎なのはこの青年のかもし出す、世界に一つしかない摩訶《まか》不思議な雰囲気でしょう。

頭部と頸部は逞しい青年のそれなのに、そのポーズは女性そのもの。腰をひねって片手を腰に当て、右足をちょっと前に出しているさまは女性以外の何者でもありません。それにギリシャの男性像というと裸体で表現されるのが普通でしょう？　ところが彼は薄絹をまとっていて、それはまるで水から上がって来たばかりのように胸に、腹部に、臀部に、脚にぴったりとまといつき、はっきり言って裸よりずっと裸です。

これを見てなんとなく居心地の悪さを感じてしまうのは、果たしてわたしだけでしょうか。この像の持つ特殊性からしても世紀の大発見のはずですが、あまり話を聞かないのは、誰もがこの像をまともに直視するのに、居心地の悪さを感じてしまうからかもしれません。この不明瞭な性の境界線は、いったい何を意味しているのか。そんなことを思いながら博物館を出てしばらく歩き、水平線を見ると、その向こうはもうアフリカ大陸。トラパニ地方とかねてから深いつながりのあるチュニジアです。急に現実に引き戻されてしまいました。

トラパニと、北アフリカの国々つまりマグレブ諸国が地理的にも歴史的にも近いのは、よく知られているところですが、その証拠の一つがトラパニの郷土料理クスクスかもしれません。ご存じのように、クスクスといえば有名な北アフリカ料理。モロッコやチュニジア、アルジェリアなどで食卓にのるポピュラーな料理で、蒸したセモリナ（小麦粉）の上に、さまざまなソースをかけて食べます。

とにかくアラブ料理なのでソースには基本的には羊肉を使い、その他の材料としては香辛野菜、エジプト豆が欠かせません。一方、トラパニ風のクスクスですが、肉や豆の代りに必ず魚を使います。唐辛子のきいたブイヤベースといった趣の、魚のスープをかけて食べるクスクスです。ともあれシチリアとアラブ世界の近さを教えられる料理でしょう。

いつのことかもわからぬくらい昔のこと、北アフリカからクスクスが渡ってきたように、今も北アフリカからシチリアに渡ってくる、一つの現象があります。目下、世界中で問題になっている移民の波がそれです。

地理的なこともあってか、トラパニ、マザーラ・デル・ヴァッロ近辺は、常にマグレブ諸国との交流があり、昔から北アフリカの人の姿を見るのは珍しくはありませんでした。ところが最近の移民は大量で、それもその多くが不法入国者として、アフリカに一番近いヨーロッパ、シチリア島にも入ってくるのです。その結果、トラパニにはマグレブ諸国からの移民の居住区すらできたそうです。地元の人はそれを「マグレブ人のチャイナタウン」と呼んでいます。以前の移民が合法的で、地域社会にもそれなりに溶け込んでいったのに反して、最近の移民の多くは非合法で、イタリア社会の最底辺にすら吸収されえないのが現実です。

今日のイタリアで移民が歓迎されていないのは、いまさらわたしが説明するまでもないでしょう。失業率は高く、イタリア人でさえ職を見つけるのが難しいのだから、移民を受け入れる余地はないというところなのでしょうか。それに加えて特にマグレブ諸国からの移民の一部は麻薬の売人、東欧やアフリカからの女性は売春婦として犯罪組織に巻き込まれているので、移民に批判的なイタリア人は少なくありません。これが最近の人種差別的、国粋主義的傾向を生む土壌となっています。日本のガイドブックによると陽気で何事にも正直で、あけっぴろげなイタリア人。だから差別する時も思いっきり正直です。

確かに犯罪組織に巻き込まれていく移民も少なくはありませんが、彼等を背後で操っているのは、マフィアなどのイタリア人でもあることを忘れてはなりません。それに「イタリア経済は彼等を受け入れる余地はない」という主張も一見説得力がありそうですが、実はたいせつなことが欠如しています。失業中のイタリア人の若者たちが絶対に引き受けない、たとえば清掃、建築、農業労働など、いわゆる3K仕事を引き受けるのが、彼等です。イタリア南部でいえば、大規模な農業経営は彼等の存在によって成り立っています。だから消費者は彼等がいなかったらトマト缶一缶に、今の何倍もの値段を払わねばならないことを忘れてはなりません。かといってトマト缶の値段を低くしている、移民労働者たちの劣悪な労働条件が正当化されてはならないのですが……。

この国には移民問題に関するコンセンサスがまるでなく、国民は感情的に反発し、政治家はこの問題を自らの政争の道具としているだけなのでしょうか。

三方を海に囲まれ、今や不法移民の入り口となってしまったイタリア。ベルリンの壁崩壊後、ヨーロッパには東から南から極東から、あるゆる人種の移民が押し寄せます。その中でもアフリカ大陸に近いシチリアは、もう一つの移民基地アルバニアを対岸に持つアドリア海の西岸に次いで、南北問題の最前線になってしまいました。最近めっきりふえた肌の色の違う住民を見て、ふとこんなことを考えずにはいられません。

古代から思いがけず、あまりにも現代的な問題に触れてしまいましたが、次なる目的地セリヌンテに急ぎましょう。今ではシチリアでも有数のギリシャ遺跡として有名なセリヌンテですが、ゲーテはここには立ち寄っていません。セリヌンテから目と鼻の先のカステルヴェトラーノを経由して、アグリジェントに出たというのに……。

おそらく十八世紀後半には、まだセリヌンテの重要性はそれほど知られていなかったのでしょう。一七五六年には、神殿の石を橋の修復に使おうとしていたほどですから。もちろんゲーテ以前にもここを訪ねた旅行者はいますが、セジェスタ、アグリジェントにくらべると、まだまだマイナーな存在でした。

古代史におけるセジェスタのライバル、セリヌンテを見るためには、まずはパレルモの国立考古学博物館に行かなければなりません。もちろん「予習」のためでもあるのですが、セリヌンテで発掘されたレリーフや像などは、パレルモの博物館に一切合切運び込まれているので、セリヌンテに行って見られるものは建物、つまりそれらを入れていた、入れ物だけですから。

セリヌンテは紀元前六五〇年ごろにさかのぼるギリシャの植民市で、その位置からも明らかなように、**カルタゴ**[※注4]と対するギリシャの最前線でした。事実、紀元前四〇九年カルタゴによって破壊され、それ以来忘却の彼方にあったセリヌンテの組織的な発掘が行われたのは、十八世紀以後のことです。その際出土したものが、パレルモの博物館におさめられている、ギリシャ神話をテーマにしたメトープ（神殿装飾浮き彫り）です。ヘラクレス、

野の花が咲き乱れる、初夏のセリヌンテの神殿

ペルセウスの冒険譚、ゼウスによるヨーロッパの略奪など、これを全部理解するには、神話に関するかなりの知識が必要でしょう。

パレルモで予備知識を頭にたたき込んだうえで、セリヌンテに入りましょう。立地条件がいいといえば、こんなに素晴らしい遺跡群はありません。目の前まで海が迫り、色とりどりの花が咲き乱れる丘に、広大な考古学地区が存在します。かつては神殿を構成していた巨石がゴロゴロ無造作に転がっているさまは、ちょっと他に例を見ません。遺跡の規模から察しても、このセリヌンテという古代都市、かなりの街だったことがうかがわれます。中心となるアクロポリスだけでも五つの神殿遺跡が残され、ここまでくるとわたしの頭はもうギリシャのインフレで、何がなんだか区別がつかなくなりました。予習が足りなかったのかもしれません。だから難しいことは考えず、一日中、日光浴することにしたのは、賢明な選択だったといえるでしょう。そして翌日にはシチリア旅行のハイライトの一つ、アグリジェントへと向かうのです。

神殿の谷に着いた観光客がまずめんくらうのは、谷から見る今のアグリジェント市の姿ではないでしょうか。

たしか十年くらい前のことだと思いますが、タヴィアーニ兄弟監督の映画『カオス・シチリア物語』が日本でも公開されました。アグリジェント出身の作家ピランデッロ作『一年の物語』を映画化したもので、アグリジェント周辺を舞台にした良質のオムニバス映画です。ピランデッロの生家がある「カオスの海岸」からつけられたタイトルですが、このカオスという言葉によって、混沌としたシチリアの歴史と心性を示したかったのかもしれません。この映画の中でのアグリジェントの風景の、なんという素晴らしさ！　ところが現在のアグリジェントに映画の姿を見つけるのは困難です。この映画を見たあとでカオスの海岸を訪れた人は、残念ながら肩透かしを食うに違いありません。

真に「近代的」ならまだマシというもので、アグリジェントの街は、近代的と呼ぶにはあまりにみすぼらしく、中にはドイツ風に淡い綺麗なパステル調に塗られた建物もあって、ゲーテが見たらなんと言うでしょう。パステル調の建物は、暗いドイツの冬をしのぐための心理的効果があるからこそ、許されるのでしょう？　それをアフリカの対岸に持ってきても、不協和音を起こすだけ。アグリジェントだって戦後都市化の波は押し寄せたのだから、それに対応したのは当たり前で、だから一概に責めているわけではありません。でもいくらなんでもパステルはないんじゃないの？　とも思うのですが、どんなものでしょう。しかし、数々の神殿が点在する神殿の谷の素晴らしさで、それも相殺されようというもの。きれいに整備されすぎてちょっと味気ないのですが、コンコルディア神殿にしても、もうゲーテが書いているように「破れ目をば輝くばかりの白い石膏で修繕して」はいません。凝灰岩の赤茶けた色と同じ石膏で、うまくごまかしています。きっと誰かがゲーテの批判に耳を傾けたのでしょう。

神殿のオリジナルの色がはげているのは今日のわれわれの審美眼からすると、それはむしろ幸いです。ディオースクリ神殿に残る白い漆喰《しっくい》は、当時のオリジナルの名残りで、もし神殿全体を真っ白く塗ってくれていたならまだいいのですが、どうやら古代ギリシャ人は、真っ青、真っ赤、真っ黄色と、神殿をとんでもない色で塗りたくったという話でした。アテネのアクロポリスにしても、せっかく美しい白大理石を使っておきながら、それをわざわざ青に塗っていたとか……。ここアグリジェントの神殿も柱は白塗りでも、どうやらそのほかの部分は極彩色だった可能性が強いらしい。

神殿跡を訪ねたら、神殿の谷の一角にある国立考古学博物館に立ち寄ってみてください。「両手に溢れる宝物を持て余してる」といった風情の博物館です。もちろんジョーヴェ神殿を支えていた巨人テラモーネやギリシャの陶器などの展示物は素晴らしく、展示の仕方もよく研究されています。イタリア本土の博物館は、すべからく見習わねばなりません。ただ、物が多すぎて来館者も最後には持て余すし、監視員が足りないのか、閉まっている展示室も多いようでした。

入り口のアグリジェントの歴史紹介のパネルは、詩人ピンダロス[※注5]から作家ピランデッロに至るまでのアグリジェントに関する資料からの引用などを含めた、組織だった素晴らしい展示なのですが、イタリア語しかないのはいかにも残念。こんなに素晴らしい内容を、

(上)アグリジェントの神殿の谷で最も保存状態のいいコンコルディア神殿
(左)コンコルディア神殿とジュノーネ神殿をつなぐ、古代のメインストリート

外国からの訪問者にも教えてあげるのに、そんなに予算がいるとも思えないのですが……。でも入場料も取らない博物館だから、きっと難しい問題があるのでしょう。

さて、神殿の谷から街のほうへ帰ってみると、泉のところにポリタンクを持った長い人の列ができているのを目にしました。これが有名なシチリアの水不足の帰結だな、とはすぐにピンときたのですが、話を聞いて、驚きました。家庭の水道には夏場になると二週間に一回、それもたったの数時間水が出るだけです。それ以外の季節はまだましだけど、基本的には変わらない。

「ここの水不足は今に始まったことじゃないよ。戦前もその前も、ずっと雨は少なかったんだ。こういう土地だからな、別に不思議なことじゃない。でも昔は風呂に入るなんて習慣は知らなかったし、水をたくさん使う工場もなかった。それに観光客もこんなに多くなかったし……。だから昔は間に合ってたんだ」

とは、水を汲みにきていた一市民の解説。ところが各ホテルのプールは水をたたえ、シャワーからは溢れるばかりに熱い湯が出るのはいったいどうしたことでしょう。答えは簡単。公共の水道のほかに私営の水道があるのです。ホテルのフロントの人によると、できれば公共の水道だけを使いたいのだが、なにぶんこの水不足、新しい貯水池を作る計画もあるらしいが、いつのことやらわからないので、私営の水を買わざるをえない。

「市の水道の百倍はしますよ」

とホテルマン氏。アグリジェントのホテルが他のシチリアの観光地にくらべて割高感があるのは、水道料金が部屋代にはね返ってくるからなのでしょうか。

実はこの私営の水道が、マフィアによって運営されているのは有名な話です。水という現代の市民生活の死活を左右する手段を一手に握り、地域経済を支配しているのが、ここでもまたマフィア。やりきれない思いを胸に、朝晩二回風呂に入るパラノイア的清潔症たる典型的日本人のわたし、このときばかりはこの性分を、ちょっぴり後ろめたく感じましたが、やっぱり入浴の誘惑には勝てなかったのでした。

「四月二十三日、夕方に、ジルジェンティにて」

ゲーテはこう旅行記に記しています。かつてゲーテが訪れたジルジェンティが、アグリジェントと名前を変えたのは、一九二七年のことです。

アグリジェントは、紀元前五八〇年ごろ、すでにジェーラを築いていたロードス島からの入植者たちによって建設されました。そばを流れるアクラガス河から、ギリシャ人はこの街をアクラガスと名づけます。ローマ時代には名を変えてアグリゲントゥムと呼ばれていましたが、ビザンチンの時代になると街は完全に没落してしまったのです。

そんな状況を変えたのが、イスラム教徒の侵入です。八二三年にアグリゲントゥムを占領した彼等は、今の神殿の谷に広がっていた古い市街地を捨て、丘のほうに新しい市街地を建築したのですが、それが今のアグリジェントの基礎になりました。街はイスラム教徒によって Gergent と呼ばれ、それがいつしかイタリア語読みのジルジェンティに変わっていったのです。

それが再びローマ風のアグリジェントに戻された一九二七年は、ムッソリーニがファシズム[※注6]独裁を宣言した二年後のこと。だから名前の変更の裏にある意図を深読みすることもできるのです。ファシストがそのイデオロギーのプロパガンダの拠《よ》りどころとしてローマ帝国の栄光の再現を目指していたとしたら、「偉大なヨーロッパ文明」の祖たるマグナ・グラエキア（大ギリシャ）に起源を持ち、ローマ時代にはアグリゲントゥムという名であった場所が、アラブ風のジルジェンティであってはならないのです。だからラテン語をイタリア語風にして、アグリジェントと呼ばれるようになったのでしょう。

同じことが次の訪問地エンナにも当てはまります。「カストロ・ジョヴァンニ」と、やはりアラブ起源の名で呼ばれていたのが、急に古代名エンナに戻ったのですから、まさに世界帝国ローマの栄光万歳！　です。

この市名変更を当時の市民はどう受け取ったのでしょう。よくはわかりませんが、当時の文学作品や文学者の残したものを見ると、みんなけっこう頑固に「ジルジェンティ」のほうを使っています。ジルジェンティ生まれの大作家ピランデッロの遺書がその最たる例なのではないでしょうか。

アグリジェントの田園風景。遠くの列柱はヘラクレスの神殿跡

ピランデッロの墓

「骨壺をシチリアに持ち帰り、生まれ故郷のジルジェンティの野で、自然石の下に埋葬されたし」

生前愛国者としてファシストに協力し続けたピランデッロの良心の、せめてもの抵抗だったのかもしれません。

※注1　ドーリス式／古代ギリシャ前期の建築様式。簡素で力強い列柱が特徴で、アテネのアクロポリスおよびシチリアのギリシャ神殿はこの様式による。

※注2　ペロポネソス戦争／紀元前四三一～四〇四年、アテネを中心とするデロス同盟と、スパルタを中心とするペロポネソス同盟間の戦争。スパルタの勝利に終わるが、長期的にはポリス社会の凋落を引き起こす。

※注3　ガリバルディ／一八〇七～八二年。イタリア統一戦争の英雄。赤シャツ隊を率いて、シチリア、ナポリ王国を征服、サヴォイア王家に捧げる。

※注4　カルタゴ／紀元前九世紀に、フェニキア人によって建設された植民市。一時は地中海最強の国家であったが、前述のポエニ戦争に負け、ローマ帝国に組み入れられる。

※注5　ピンダロス／紀元前五一八～四四六年ごろの古代ギリシャの叙情詩人。代表作には『オリンピアを讃う』などがある。

※注6　ムッソリーニのファシズム宣言／一九二五年から始まった、一連のファシスト独裁への政策。ファシスト党以外の全政党を解散させ、ファシズム独裁を完成した。

第6章 「シチリアの展望台」から見る大パノラマ

エンナ――実りの女神の愛でし土地

パレルモ、セジェスタ、アグリジェントと旅を続けたゲーテが、

「穀物がたくさん実っている地方というのはほとんど見たことがなく、……ケレス女神（豊饒の女神）がこの地方に豊かな恵みを垂れているという話は腑に落ちなかった」

と書いているように、今まで辿ってきた道筋には、確かに麦穂の影すら見当たりません。オリーブ、柑橘類、葡萄、野菜などあらゆる種類の栽培植物を目にしましたが、言われてみれば唯一つ、穀物だけが欠けています。地味が豊かだと言われても、今まで目にしてきたゴツゴツの岩だらけの風景を見ると、そんなことはとても信じられるものではありません。ローマ帝国の穀倉と言われ、スペイン支配時代も小麦の輸出国として知られていたシチリアの穀倉地帯は、いったいどこへ行けば見つかるのでしょう。それを納得するためにもシラクーサを通らずに「斜にこの国を横切って」行くことを進言されたゲーテは、カルタニッセッタ、エンナへ、つまりシチリアの内陸部へと馬車を進めます。

半日も馬車を走らせるともう嫌気がさしてくるほど、単調な光景がそこには広がっていました。我慢強いゲーテをして、もう十分だと言わせたくらいですから、その単調さがし

のばれるというものです。十分に手入れの行き届いた広大な穀倉地帯は存在しましたが、現代ではどうなっているかというと、相変わらずうんざりするほど広大な穀倉地帯が広り続けています。緩やかで果てしのない丘陵地全体を畑がおおっているさまは、一種の驚きです。「この高低差のある丘陵地を、いったいどうやって耕作するのだろう、そしてどこが水源なのだろう」

そんな疑問がすぐに浮かんできます。そんなことを考えながら車窓から外へ目をやっていると、前方に突然巨大な岩山が見えてきました。そこがエンナの街だったのですが、本当のことを言うと街が見えたというよりも、十ほどもあるでしょうか、背の高いアンテナやレーダー塔が目に入ってきたから、街の存在に気がついたのでした。もっと絵になるエンナとの出会いを期待していたのに、これはちょっと計算違い。まずはあくまでも現代的なエンナ到着です。

標高九四八メートルにあるエンナは、イタリアで一番高い県庁所在地です。わたしがシチリアで初めて雪に降られたのも、ここエンナでした。冬は深い霧に閉ざされる、岩山の上の街なのです。エンナがムッソリーニ時代以前はカストロ・ジョヴァンニと呼ばれていたことは、すでに前章で触れたとおりです。かつてシカン人、シクリ人の街であったHennaは次いでギリシャの影響下に入り、ローマ時代には属州として穀物生産の中心地と

台形の岩山の上にのっているのが古いエンナの街

なり、当時はCastrum Hennaeと呼ばれていましたが、アラブ人はそこからCasrIaniとこの街を呼び、これがイタリア名カストロ・ジョヴァンニのもとになったのです。

「シチリアの臍」、「シチリアの展望台」とも呼ばれていたうえに、ラテン語のcastrum（陣営）という名からして、都市というよりも天然の要塞であったことがわかります。ローマ時代、反乱した奴隷たちが立てこもったのも、スペイン支配の初期にシチリア諸侯が叛旗を翻した中心地もエンナですし、今も残る砦の跡やフェデリーコの塔なども、シチリアを一望するエンナの戦略上の重要性を物語っています。

しかし今では、すでに戦略上の重要性

を失い、農業だけがその主要産業として、エンナに残されました。

「農業のほかには、市役所くらいしか産業のないところなんだ」

あるエンナ市民が、自嘲気味にそう言っていたのが忘れられません。これといった産業がなく、公共の機関しか雇用の機会を作りえない、シチリア全体の悩みでもあるようです。

先住民の里であったエンナに、ギリシャ神話の大地の女神デメーテル信仰が入っていったのは、どういう理由によるのでしょう。

ギリシャの女神デメーテル、ローマ神話ではケレスと名を変えますが、彼女は複雑な神の系譜からすると、全能の神ゼウスの姉にして妻の一人。農耕を司る女神でした。

考えようによっては、かの地に古来からあった豊饒の女神を祭る信仰が、デメーテルというギリシャの女神の名を借りたのかもしれません。地中海地方といえば古来から大地母神信仰の盛んだったことで有名です。だから気候がよく、農作物に恵まれたシチリアでも、きっと大地母神が信仰されていたに違いありません。

シチリアの基礎であるギリシャ文明は、地中海地方の農耕をもとにした大地母神信仰の母権社会と、東方の牧畜をもとにした家父長権的社会の双方の特徴を持っていたといわれています。そんなギリシャ文明がシチリアにやって来た際、もともとシチリアに根づいていた大地母神信仰が、ギリシャ神話の中の大地母神であるデメーテルと結びついたのは、ごく自然なことです。ギリシャ語を話し、ギリシャ風の彫刻を作り始めたのと同じように、先住民族たちは自分たちの古来の大地母神に「デメーテル」の名を与えたのかもしれません。しかしながら不思議なのは、その後のギリシャ・ローマの文献が、揃いも揃ってシチリアをデメーテル女神の地と公認していることです。神話によるとデメーテル女神が天から降り立って、人間に農耕を教えた舞台はシチリアになっていますし、シチリアはゼウスから彼女への贈り物だともいわれています。デメーテルに関する神性が、すべてシチリアに帰せられているのです。これだけしつこく主張されているからには、何か正当な理由があるのかもしれません。果たしてギリシャが先か、シチリアが先なのか？　ひょっとするとシチリアでの大地母神信仰を目《ま》の当たりにしたギリシャ人のほうが、逆にそれを神話の一部としてギリシャに持ち込んだのかもしれません。

ところでこのデメーテル女神がゼウスとの間に設けた子がペルセフォネ、ローマ神話だとプロセルピナですが、その美しい乙女ペルセフォネが冥界《めいかい》の王ハデス神に誘拐される神話上最大のスキャンダルが、ここエンナで起きました（と、少なくとも神話では、そういうことになっています）。

ことのほかシチリアの大地を愛していたデメーテル、ペルセフォネ母娘。その日もペルセフォネは、エンナ近辺へ花摘みに出かけていました。そして冥界の王ハデスがあらわれ、彼女の美しさに目を留めると、近くのペルグーサ湖の洞窟を通って、冥界に連れ去ったのです。このペルグーサ湖は今も残っています。周囲をカーレースのコースに囲まれ、F1のレースが行われたこともあるそうで、なんという様変わり。神々が知ったらきっと呆れるか、それともマッチョのハデスなどは、この新種の見世物をけっこう喜ぶかもしれません。

娘が連れ去られたことを知ると、デメーテル女神は嘆き悲しみ、豊饒の女神としての務めを果たさず、豊かな大地はまったく実りをもたらさなくなるのです。まるで状況は違いますが、女神のストという点で、日本神話の天照大神が天の岩戸に隠れた話を彷彿とさせますね。日本の場合その解決法は天の岩戸の前でのドンチャン騒ぎだったのですが、オリンポスではゼウスが神々を招集して、事の成り行きを理性的に評定しました。この辺がギリシャ神話の中の家父長的要素といえましょう。

もう一つ違うのは、天照大神は光りと闇、つまり太陽をも支配する最高神だったはず。ところがギリシャの太陽神はアポロ。もちろん男性です。でも、シチリアの夏のやけつくような太陽を浴びていると、それも当然に思えます。日本のやさしい太陽はいかにも女性的。女神の手に帰せられてもおかしくありません。ところが強烈な地中海の太陽はあくまでも残酷な暴れ者であり、女神の手に負えるものとは、とても思えません。だから太陽神はアポロなのでしょう。そういえばラテン語系のイタリア語、フランス語、スペイン語やギリシャ語の「太陽」が男性名詞であるのに反して、ドイツ語などの「太陽」が女性名詞なのも、そんなところからくるのでしょうか?

ともかくその評定の席で、母デメーテル女神は娘の全面返還を主張しましたが、すでに冥界の石榴《ザクロ》を食べていたペルセフォネは冥界にとどまらざるをえず、その結果ゼウスは、娘が一年のうち六カ月を母とともに地上で、あとの月を冥界で夫とともに過ごすように定めたのです。娘と過ごせる半年の間、デメーテルは喜び、作物は実ります。娘が冥界に帰っていくと母は悲しみ、世界は灰色の不毛の地となるのです。

ギリシャ神話がデメーテル、ペルセフォネ二人の農耕の女神を作り出したのは、なかなか興味深いことではないでしょうか。大地母神がなぜ二人いるのか。一人

ペルセフォネがさらわれた、神話の舞台ペルグーサ湖

では不十分だったからか。母のデメーテルは大地が豊かな恵みを意味したのでしょう。ここまではどんな未開民族でも考えつきます。しかしそれに娘のペルセフォネを加えることによって、大地の恵みは季節を持ち始め、つまりそれは、より高度な農耕への移行を意味するのです。一つの文明が、さらに高度な文明に進化していった過程を見るような気がするのですが……。

発掘された多くのデメーテル像や、街の一番の高所にあるロッカ・ディ・チェーレレ（ケレスつまりデメーテルの岩）は、古代エンナのデメーテル・ペルセフォネ信仰の様子を物語っています。キケロ、リウィウス、オウィディウスが描き出した祭典の場所です。わたしが雪に降られたのも、まさにこの岩の上でした。

シチリアだけでなく他のギリシャ世界でもめったにお目にかかれない吹雪をまともに顔に受けながら、ふと思いついたのです。デメーテル・ペルセフォネ信仰が生まれたのはエンナに違いない、と。だって地中海沿岸のほかのどの土地で、こんなにもはっきりした四季に、そしてこんなにも厳しい冬にお目にかかれるというのでしょう！

ところで古代エンナのデメーテル信仰は、今ではすっかりマドンナ信仰、つまり聖母マリア信仰にとってかわられています。古代神話からキリスト教に全面的に鞍替えしたのですが、南欧のカトリック世界に根強いマドンナ信仰というのは、深いところで地中海世界の大地母神信仰とつながっているらしい。現在のエンナはというと、七月二日に聖母マリアの祭りが盛大に行われています。裸足の男たちが黄金の輿《こし》に白いマントの聖母マリアを乗せて、延々と街中を練り歩くのです。聖母のマントにおびただしい数の金製品や宝石が縫いつけられているのは、その前年に聖母にかけた願が成就した人が、お礼に奉納したものだとか……。とにかく絢爛豪華なこと、この上ありません。

クリスマスや復活祭がもとをただせば異教徒の祭りであったように、この聖母に捧げられた祭りも異教的起源を持っています。デメーテルの祭りが聖母マリアの祭りになったからでしょう。その証拠に穀物の収穫の周期を考えてみると、七月はちょうど小麦の収穫の月。世界中どの国でも、宗教でも、収穫を祝わぬ民族はいません。ですから聖母の祭りの起源を古代の収穫祭に求めるのは至極もっともなことです。

それに加えて聖母の輿を担ぐ男たちが裸足なのも、デメーテルの祭りの名残りだといいます。かつてデメーテル祭では白い布を腰に巻いただけの、裸の男たちによって輿が担がれていたのですが、時代が下って現代になると、担ぎ手は簡単な白い服を身に着けるようになりました。十八世紀までは上半身も裸だったそうで、当時の聖職者は裸の上半身に何か着せようと、躍起になっていたとか。それでも足だけは裸足のまま、今に至っています。それが聖母祭の裸足を、今でもエンナでは「はだし」ではなく「はだか」と呼んでいる理由です。豊饒の女神の時代の名残りなのですね。

デメーテルから聖母マリアに名を変えても、エンナの人々は常に豊饒の女神を信仰し続けているのでしょう。

では市役所と並ぶエンナの主要産業、農業の実情はどんなものなのでしょうか？

「天は気まぐれだからね」

というのがその答えで、要するに問題は山積しています。政府の農業行政の不備や、後継者不足、そして水不足……。ここでもまた水不足です。そういえばペルグーサ湖の水もすっかり干上がり、申し訳程度しか残っていません。稲作の場合ほど豊富な水はいらないにしても、これはいったいどうしたことでしょう。それに昔の文献には「水に溢れた緑の島シチリア」の様子も多く描かれているというのに……。

ギリシャの文献によると、当時エンナ付近を流れていた河川では、大型船での航行も可能でした。イスラムの旅行者たちも、シチリアの水と緑をたたえています。でも今のシチリアには水も緑もありません。それに本来砂漠でも岩山地帯でもないシチリアの内陸部に一本の木もなく、一面に穀物の畑が続くのは、よく考えてみるとおかしいことに気づきます。やはりかつて存在した樹木を伐採してしまったこと以外、説明は見つかりません。

人類の進歩の歴史において、森林の伐採は避けえないプロセスでした。ヨーロッパではどれだけの森林が開墾され、今日の市街地に姿を変えているかわかりません。第三世界ではいまだに乱伐が続いています。

ところでシチリアは森林伐採においても、文明の「先駆者」だったようです。シチリアの森林伐採が、穀物生産のために計画的に開始されたのは、ローマの属州になってからのこと。それ以前も、もちろん開墾はありましたが、ローマ人たちの意図はシチリア全体を穀類の単作の生産地に変えることでした。ブルドーザーがあるわけはなかったけれど、各地から連れてきた奴隷労働力を大量に注ぎ込んだのですから、かなり効果的に開墾を進めることもできたのでしょう。

こうして緑のシチリアは、その様相を次第に変えていきます。その後のスペイン支配時代にも、スペイン本国はシチリアに小麦の単作を奨励し、十七世紀のシチリアも小麦の最大輸出国でした。果たして作物の単作がその地の農民に繁栄をもたらすかというと、それは疑問です。やはりかつて奴隷労働力で成り立っていた第三世界のプランテーションは農場主だけを富ませましたし、シチリアでも国際相場に左右される作物への依存は、健全な地域農業の発展を完全に疎外したのです。

しかし、森林伐採の責任を侵略者だけの責任にするのは、あまりにもバランスを欠くというものでしょう。国家統一後のイタリア人によっても計画的な大伐採は続けられたのですから。もっとも北のイタリア人をも「侵略者」と見る向きには、話はまた別です。

とにかく話を戻すと、最近の乱伐の原因は、十九世紀後半からの鉄道建設ラッシュでした。全国に鉄道網を敷設《ふせつ》するためには、枕木が不可欠です。その枕木入手のため、シチリアの森林も根こそぎにされました。今回は近代的な機械を導入しての大量の伐採です。シチリアのみならずイタリアじゅうに禿山を作り出すのに、時間はかかりませんでした。

わたしがこんなにも森林にこだわる理由は明らかでしょう。緑のあるところには、必ず水があるからです。深く根を張った森の地下は、まさに樹木の存在のおかげで満々と水を蓄えているのです。地下水も湧き出し、そこに自然の生態系が生まれます。ところが切り倒された森林の地下には何も残りません。不毛の土が残るだけです。そこを畑に変えてなんとか雨水で凌いでも、もともと雨の多い土地ではありません。ついには水が足りなくなることは、火を見るより明らかです。シチリア内陸部の穀倉地帯にも、今までの森林乱伐のツケが回ってきたのでしょうか。


とは言っても、何の対策もとられていないわけではありません。「シチリアに緑を取り戻そう」という目的の、植林運動も実行されています。森林監察官のもとにチームを組めば植林も進みますし、若い失業者たちに働く場所も提供できます。一石二鳥の計画ですが、その結果はどんなものなんでしょう？

その成果に否定的な声もあります。その筆頭はなんと言っても山火事。乾燥した地中海諸国の夏は、また山火事の季節でもあります。イタリアでもリヴィエラ、カンパーニア、カラブリアなどのイオニア、ティレニア海沿岸、そしてサルデーニャとシチリアの二つの島で、毎年大きな被害が出ています。あのやけつくような太陽の下《もと》、何カ月も一滴の雨も降らないのですから、煙草の吸い殻の投げ捨てで、簡単に大火災が引き起こされてしまうのです。何百年もの原生林も焼き尽くされる火の勢いですから、植林したての森の赤ちゃんなど、ひとたまりもありません。

最近でこそヨーロッパでも嫌煙運動が盛んになり、病院など公の場所での禁煙が導入されつつあります。でもヨーロッパはアメリカと違って、ファナティック（狂信的）に禁煙を強制することはありません。公の場所や、妊婦、子供のいるところではもちろん禁煙を尊重すべきですが、誰にも迷惑をかけないのなら、それは個人の裁量に任せます。この態度はとても成熟した大人の態度と思われます。

ただ一つ、アルプスの南北を問わずびっくりしたのが、煙草の投げ捨てでした。それも日本なら捨てたあとで靴でもみ消すでしょう？　ところがこちらの人はそんなことにはまるで頓着なし。火のついた煙草を捨てて、そのまま立ち去って行くのです。たいていの場合、燃え尽きて自然に消えますが、絶対に何かに燃え移らないという保証はないのです。

イタリア人の場合はこの煙草のポイ捨てを、車の窓からも平気でやります。町中なら吸い殻を捨てても燃え尽きて大事には至らないでしょうが、山へドライブに行ってもこれをやるのだから、夏の一番暑い時期に山火事を起こしても、ちっとも不思議ではありません。イタリアの山火事の原因の多くは、この吸い殻の投げ捨てだとか。だから木を植えても植えても追いつかないのだそうです。

　でも、エンナから南にピアッツァ・アルメリーナへの道沿いの緑を見ていると、この植林計画もまんざら無駄ではないような気もしてくるのです。もっともピアッツァ・アルメリーナは、風呂好きのローマ人がヴィッラ・ロマーナ・デル・カザーレと呼ばれる別荘を建てたところですから、きっと昔から緑が多く、水の豊富なところだったのでしょう。でもここの緑地の多くが最近の植林によってできたのは、まだまだか細い木の幹を見れば一目瞭然。それにポプラなどの生育の早い植林に適した木が多いから、すぐにわかります。もともと緑が多かったこの土地だったから、わりと簡単に木が根づいてくれたのかもしれません。とにかくこの地方を中心に、シチリアに緑と、大地をたいせつにした本当の農業が戻ることを期待してやみません。それがデメーテル女神の望むところでもあるでしょうから。


　ところでついでと言ってはなんですが、せっかくエンナまで来たのだから、ピアッツァ・アルメリーナのヴィッラ・ロマーナ・デル・カザーレにはぜひ立ち寄ってください。シチリアを属州とし、その穀倉に変えたローマ人たちが作った別荘で、邸宅中の床という床がすべてモザイクでおおわれています。

　そのテーマは神話であったり、山海の珍味であったり、狩りであったりさまざまですが、とにかく床全体をびっしりとおおうモザイクに、わたしなどしまいにはへきえきするほど。とにかく素晴らしい構図と細工と技量なのですが、その重さと息の抜ける空間のないことといったら……。毎日こんなものを見ていられたローマ人というのは、きっと胃腸の丈夫な人たちだったのだろうな、と思えてきました。もっとも、横になって吐きながら飽食を続け、血なまぐさい見世物を好んだ連中が、胃弱のはずがないでしょうけど……。

ところがそんなローマのモザイクも、最近のヴァンダリズム相手ではかたなしです。ヴァンダリズムとは民族の大移動期にヨーロッパを侵略した蛮族ヴァンダル人に由来する言葉。通る道筋のすべてを破壊し尽くしていった故事から、破壊

タオルミーナの城塞で見つけた看板。「ヴァンダル人による被害の修復のため、城塞は95年10月23日から12月20日まで閉鎖します」とある

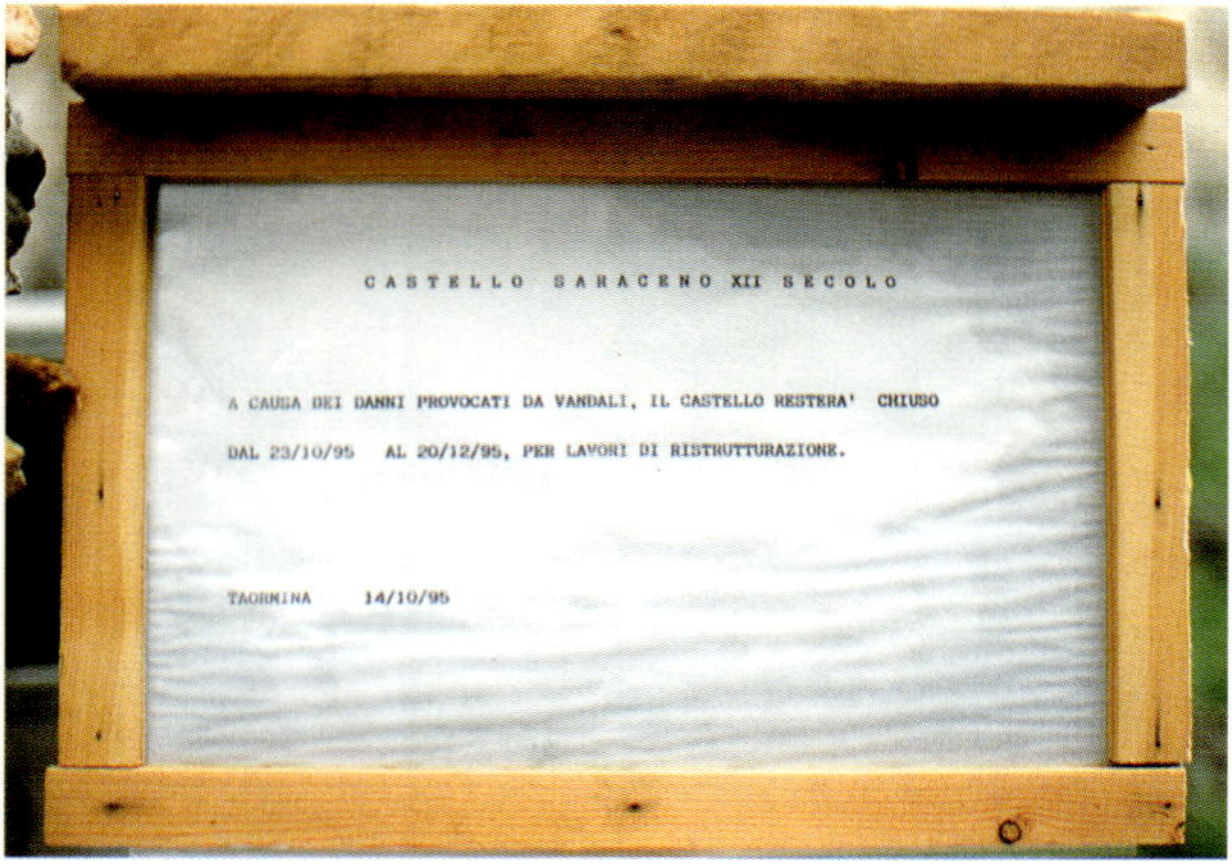

行為のことを今でもイタリアではヴァンダリスモと呼ぶことがあります。

ピアッツァ・アルメリーナでも、夜中に忍び込んだ不心得者が貴重なモザイクにカラー・スプレーで色をつけたり、壊したりして立ち去りました。おそらくヒマを持て余した頭の悪いガキどもが、おもしろ半分にやったのでしょう。特にヘラクレスの被害はひどく、神話の英雄もヴァンダル人の精神的後継者には勝てなかったみたいです。でも千五百年の時を経て、ローマ人の末裔がヴァンダル人になっていたなんて、本当に洒落にもなんにもなりません。

この辺でまたエンナに戻りましょう。ゲーテのエンナ滞在はさんざんだったようです。雨に降られ、まともな宿も見つからず、食料も食い尽くしていた一行は、みじめな晩を送ります。そこで「神話の名前に引かれて行先を定めるようなことは、今後決して二度としないという厳格な誓いをたてた」のでした。つまりゲーテもデメーテル・ペルセフォネ神話にひかれてエンナに来たのですね。

ゲーテの時代のエンナなら、おそらくしかたがないことだったのでしょう。しかし現代人の目で見たエンナは、民俗学の宝庫としてなかなか興味深い対象です。デメーテル信仰はもとより、クー・クラックス・クランと同じスペイン風の装束をつけた復活祭の行列や、前述の聖母マリアの祭りはたくさんの観光客を集めます。そのほとばしる激烈な信仰心は、確かにイタリア的というには余りにも暗く、プロテスタントを含め、すべての異教徒を驚愕させるだけのものを秘めています。

ただ単に「シチリアの展望台」のロンバルディアの砦から、眼前に三六〇度広がるシチリアのパノラマを見るだけでも、エンナに行ってみる価値はあります。コリント式の柱にゴシック、ルネッサンスなどさまざまな建築様式のミックスをバロック風に味つけした、不思議なドゥオーモもまた一見の価値ありです。

第7章

教会建築好きにはたまらない街角

カターニア——揺れる大地に未完の教会

カターニアという街を愛するのは、なかなかたいへんな作業です。というのも、一見すこぶる無愛想だから。シチリア第二の都会と聞いていたから、それなりの街を予想して入ると、それが大きな間違いだったことにすぐに気づきます。一九八〇年代に出版されたガイドブックを見ると、「シチリア第二の都市として、周辺に工業地帯を控えて発展を続け、非常に活気がある」と一様に書いてあるのですが、いわゆる中心街といわれる部分は小さいし、気のせいか、活気もあまりありません。

確かに八〇年代は、イタリアも薔薇色の時代でした。ファッションをはじめとするメイド・イン・イタリーが世界を席巻し、当時のミラノの華やかなことといったら、それは夢のようでした。ところが湾岸戦争の頃からか、イタリア経済をとりまく空気もガラッと様変わりし、以来低調な九〇年代が続きます。その後なんとか回復軌道に乗るものの、南部の状況はいまだ厳しいままです。

きっと当時の好況の波はミラノからシチリアにも押し寄せて、アウグスタなどの重工業地帯に近いカターニアも活気に満ちていたのかもしれません。でも今となっては、景気の

フェデリーコ二世が建設した、カステッロ・ウルシーノ

いい話などはまるで耳にしません。パレルモのホテルで聞いたのですが、パレルモもけっしてよくはないけれど、カターニアの現状の悲惨さは目をおおうばかりだとか……。
「それでもパレルモには海外からも観光客が来ますからね。カターニアの場合、商用のお客様が多いですから、景気が悪くなると、もう目も当てられないんです」
それもそのはず、カターニアにはこれといった観光スポットもありません。バロックのドゥオーモ（大聖堂）とか、フェデリーコ二世の建築した要塞など見るべきものもあるのですが、パレルモのような華やかなアラブ・ノルマン様式の建築物やモザイクがあるわけでもなく、アグリジェントのようなギリシャ遺跡もなく、タオルミーナのように風光明媚な海もありません。カターニアにも飛行場はありますが、そこに降り立つ観光客は、まるで当然のごとくカターニアを素通りして、タオルミーナかアグリジェントに行くとのこと。エトナ登山のためにカターニアに滞在する人もいますが、これもカターニアの街が目的ではなく、あくまでもエトナ山に行くための便宜上の滞在ですから、寂しい限りです。

さして大きくない街を歩いてみても、わたしなどは田舎の県庁所在地にしか見えません。確かに瀟洒な町並みも見られます。でもパレルモの新市街のような洗練されたエレガントな雰囲気はなく、高級店のウインドーを見ても、服にしても何にしても野暮ったさは否《いな》めません。人々が無愛想なことは、けっしてわたしだけの意見ではなく、カターニアを訪ねたことのある人はみんなそう言っています。こんな街をどう楽しんだらいいのか？　自分の足で歩き回り、考古学者のするように、隠れた魅力を一つ一つ発掘していくしかないでしょう。

カターニアに敬意を払い始めるきっかけは、わたしの場合「お菓子」でした。街のバール（喫茶店）、パスティッチェリア（お菓子屋）をハシゴするうちに、ちょっと尋常ではないお菓子のおいしさに気がついたのです。

朝からあまり重いものを食べたくないわたしにとって、イタリア式の軽い朝食は好都合。

旅行中はバールでコーヒーと甘い菓子パンで朝食をすませます。朝から卵やハムなどをたっぷりと食べられる幸運な人ならホテルの朝食も利用価値大でしょうが、わたしみたいな者にとってはバールでの朝食は量的にも適切だし、ある意味では画一的なホテルの朝食にない発見ができます。そこに集まる街の人を観察できますし、そこでしか食べられない珍しいものにも巡りあえます。

カターニアだけではなく、シチリアじゅうで食べられているリコッタチーズのクリームを使ったお菓子を、ここでも試すことにしました。一番有名なのはカンノーロといって、固焼きのクレープを巻いた中に、砂糖漬けフルーツを刻み込んだリコッタチーズのクリームを詰めたもの。実を言うと砂糖漬けフルーツはあまり好きではないのですが、シチリアで食べるカンノーロは、嫌いなはずの砂糖漬けフルーツの存在など構わなくなるほどのおいしさです。

カターニアでもカンノーロを試したところ、これも期待以上の出来でした。無愛想なお店の人、あまりいい趣味とは言えない店内の雰囲気など、実は多くを期待してはいなかったのですが、そんな期待を裏切るおいしさです。そのうえ、カターニアのカンノーロは砂糖漬けフルーツよりも、地元特産のピスタチオがたくさん入っているので、なおさらわたし好みです。ところがおいしいのはここだけではなかった……。どこに行ってもはずれがありません。これはちょっとすごいことです。

とにかくそんなこともあってこの無愛想な街を見直し始めると、次々といろんなことが見えてきます。たとえばカターニアの街を知らない人がここで買い物をしようと思ったら、一苦労なのがわかってきました。

旅行中のあなたがボタンをなくして、ボタンを探しているとしましょう。目抜き通りにならつ一つ二つボタン屋さんくらいあるだろうと思って中心街へ行っても、そこでお目当ての店は見つかりません。目抜き通りには洋服屋しかないからです。ここでは同じ業種のお店がすべて同一地区に固まっていて、極端な話、その地区以外では買いたいものが見つからないという仕組みになっています。ボタンがほしかったら、裁縫関係の店が固まっている地区にまで足を運ばねばなりません。街をよく知っていれば短い時間ですべての店を見て回れるという利点がありますが、よそ者にとっては、なかなかたいへんです。

でもこの街の構造は、同業者が同じ地区に住み、仕事をしていた中世都市の構造に非常に似ていませんか？　といっても、町並みには中世の面影はありません。都市の入れ物は一六九三年の地震で壊滅していますから。でもその後新しく再建した街でも、再建前の地区割りを頑固に守っていったのでしょう。それが今に至るまでも変わらずに、綿々と続いているに違いありません。

南イタリアの小さな田舎町にいくと、今でもそんな構造を持った街が見られます。「世界中どの街でも、洋服屋や銀行、官庁などは固まってあるけど、それはどういうことなの？」と言われると困りますが、でもこれはまた別の都市論から見る必要のある問題です。人々が暮らし、そこで働いていた中世の伝統とは何の関係もなく、住空間としての機能を失った都市が、巨大なショーウインドーと化した結果でしょう。人々は商品を買うのみならず、見るために都市を歩き回るという行動様式がそこに発生します。

しかしカターニアの場合は違います。一応現代において都会といわれる街のまんまん中で、魚屋は魚屋、肉屋は肉屋、菓子屋は菓子屋、生地屋は生地屋など、そういった日常品を扱う商店の地区割りの跡が見られるとは思いませんでした。こんな小さな発見をした時が、旅をしてよかったと思う瞬間でしょうか。

そしてそんなことから街の入れ物、つまり建築物のほうにも目が向いてきます。街のソフト面にまだ中世が生きているとしたら、ハード面たる入れ物はどうかというと、そこからはまるっきり中世が払拭されているのは、前述の地震のせいでしょう。この地震で壊滅的な被害を受けたカターニアは、当時先端を走るバロック様式で、新たに街を再建したのです。地震による死者は一万六千人以上、当時の街の人口の三分の二にあたります。建物もほとんど崩壊し、壊滅的な打撃を受けました。それにさかのぼる一六六九年にはエトナ山の大噴火があり、流れ出した溶岩はカターニアの街を横切って海に流れ込み、港を破壊し尽くしました。「踏んだり蹴ったり」とは、まさにこのことです。

なお付け加えておきますと、一六九三年の地震は別に火山性の地震ではありません。日本も地震国で有名ですが、シチリアの人たちも地震や火山の被害と隣り合わせで生きているようです。全島のどこで地震が起きてもおかしくないのですから、あの石造りの建物が崩れ落ちるさまを考えるだけで寒けがします。そう言えばアグリジェントの神殿遺跡も、地震で倒壊したのを復元したものだったはず。エトナ山を背後にするカターニアも地震に火山と、常に自然の脅威を身近に感じる街だったのです。

ところでカターニアはシチリアには珍しい、緩やかな坂の街です。シチリアの街は内陸部も海岸部も小高い丘の上に山城のように造られたものが多く、したがって激しいアップダウンの坂の街は、いったいいくつあるかもわかりませんが、カターニアを「坂の街」というときには、それとはちょっと意味合いが違ってきます。

「坂の街」と呼ぶよりも、「エトナ山麓の街」と呼んだほうがいいのかもしれません。カターニアから三〇キロのところにその火口を持つエトナ山。四方に山裾を緩やかにひいた標高三三四〇メートルのエトナの南の山裾はカターニアに達し、そこから海に落ちていくからです。カターニアの街を掘るとすぐ真っ黒なエトナの溶岩にぶち当たります。「エトナを背後に」というより、カターニアはエトナ山麓にのっているると言ったほうがいいのでしょう。エトナはカターニアにとってアルファであり、オメガなのです。

その雄大な姿は太古から航海者たちの目印でした。それにエンナとならんでエトナも、シチリアを舞台にしたギリシャ神話の重要な舞台です。だいたい、エトナの火山活動というのも、神話によるとウラノスによってエトナの地下に鎖で繫がれた巨人たちのあがきに帰せられるほどですから。彼等が自らを縛る鎖を解こうともがく時、エトナは火を噴くのだそうです。また別の説によると、エトナ火口の地下には鍛冶の神ヘーパイトス（ローマ神話でいうところのヴァルカン。これがヴルカーノ、つまり火山の語源となった）の仕事場があって、山の噴火は神の振り上げる槌のためだとか……。

エトナ山が周辺の街に災禍をもたらしたという話は有史前にさかのぼりますが、記録に残っている最初の噴火は、ピンダロスの詩にも見られる紀元前四七五年の噴火です。紀元前三九六年の噴火も有名で、流れ出た溶岩が、景勝の地アーチ・トレッツァにあるチクロペの岩（巨人キュクロプス族のポリュペモス——イタリア語ではチクロペ族のポリフェーモ——が逃げるオデュッセウスに投げつけたといわれる岩）を造り出したのだと考えられています。一三八一年にもカターニア市街を直撃する大噴火がありました。そして前述の一六六九年の大噴火です。最近はカターニアを直接脅かす噴火はありませんが、理論的にはいつ起きてもおかしくないわけで、もし溶岩が市街地のほうへ流れてきたら、現代の技術はそれを防ぐ手立てを持っているのでしょうか。

しかし、エトナは多くの苦難を味わわせると同時に、周辺に大いなる恵みも与えてくれます。シチリア東部の沿岸地方で柑橘類、アーモンド、ピスタチオ、インド無花果、オリーブをはじめとした作物の栽培がこんなにも盛んなのは、ひとえにエトナの豊かな地下水のおかげです。

わたしは行く先々で水道水を味見してみる妙な癖があります。大都会から離れた山麓部の田舎の水道水がおいしいのは当たり前ですが、カターニアのような沿岸部の、それも大きな街の水がこんなにおいしいとは思いませんでした。シチリアの他の場所でも、これほどおいしい水道水にお目にかかったことはありません。これも都市の水源がエトナ山の地下水に負っているからなのです。

水質ももちろんですが、その豊かな火山性の土壌も作物の栽培に大いに貢献しています。その理由を聞かれると、素人のわたしには辛いところなのですが、なんでも火山性の土壌は多くの養分を含んでいるとか……。だから葡萄の栽培にも最適なんだそうです。そういえばこのゾーンは「エトナ・ビアンコ」など葡萄酒の優良銘柄の産地でもありました。

シチリアに来る前のナポリ滞在中にポンペイを訪れたゲーテは、不謹慎にもこう書き記しています。

「世界にはこれまでいろいろの災禍が起こったが、後世の人々をこれほど愉快にするものは余り他に類がないだろう。こんな興味ふかいものはそう沢山はない」

こんな理性的な人でも他人の不幸に胸躍らせるなんて、やっぱりこれって人間性の一部なのでしょうか？

実はわたしも火山の噴火の報を耳にすると、被害のないことを祈りつつも、ワクワクしてくるのを抑えられない一人です。エトナ山はイタリアでも一番活発な活火山。エトナ山の見えるところにいる時には、「噴火しないかな……」などという不謹慎な思いを抱いて、いつもこの山を眺めるのです。幸いなことに、一九八九年の噴火以来、最近のエトナ山はわたしの思いとは裏腹に、おとなしくしているようです。

多くの観光客がカターニアをエトナ登山の基地としか考えていないように、カターニアのゲーテも、考えることはエトナ登山だけ。事実五月二日にカターニアに入ると、すぐにエトナに向かい、三日後の五月五日にはもうタオルミーナに向けて発っているほどですから……。とにかくわたしたちもエトナ山に登ってみましょう。

エトナ登山熱に火をつけたのは、ゲーテも書いているとおり、イギリス人のプライドン卿でした。ゲーテがカターニアを訪れたころのエトナは、だからもう観光名所になっていたのです。観光名所といっても、時代はまだ十八世紀の終わりのこと。そう簡単に三千メートル級の山の山頂に立てるはずがありません。事実、ゲーテがカターニアで知り合ったカターニア大学の博物学教授ジュゼッペ・ジョエニも、どうしてもエトナ山に登りたいというゲーテ（この人はナポリ滞在中も、ポンペイを壊滅させたヴェスヴィオス山にしっか

(上)エトナ山麓ランダッツォ。黒い溶岩が地表をえぐりとっている
(下)エトナ山麓の山荘で。かまどから焼きたてのパンを出している

り登っています）にこう忠告しました。

「一体この地へお出でになる外国のお方は、エトナ登山を非常に簡単に考えておられるのです。ところが私たちのような山麓の住民でも、一生のうち最もよい機会をとらえて二、三度頂上に登れたら、それで満足しているという有様です」

そしてエトナ山のかわりにモンテ・ロッソへ登り、そこから眺めを楽しむといい、と付け加えたのでした。この忠告を素直に聞き入れたゲーテは、翌日早速モンテ・ロッソへと出かけます。今で言えばエトナ山に登るかわりにエトナ周遊鉄道で山の周囲を半周した、といったところでしょうか。

話は変わりますが、カターニアを始発とするこのエトナ周遊鉄道、時間のない旅人には強い味方です。なんと言っても乗ってるだけでさまざまに変化するエトナ山が眺められるのですから。時間があれば電車から降りてたとえばランダッツォ、アドラーノなどエトナ山麓の村を散策してみるのもいいでしょう。それにエッフェル塔に上ってもエッフェル塔が見えないのと同じく、エトナ山を「見たい」のなら、登山をしても意味ないですから、むしろ周遊鉄道に乗ったほうが賢明かもしれません。

ところでエトナ山頂ですが、山頂に登るのは、今ではわりと簡単です。簡単すぎてあまりありがたみがないくらいです。バスとケーブルカーとジープで、二九〇〇メートル付近まで一気に登っていくのですから、日曜の午後の散歩がわりにハイヒールでも登れる山になりました。わたしの夢は一度自分の足でエトナ登山をすること。今のところこの計画は天候や山の御機嫌に阻まれて実行不可能です。ゲーテが受けた忠告のとおり、本当に登山しようとしたら、やっぱり今でもたいへんだという証拠なのでしょう。でもエトナ山に登った最初の有名人、アグリジェントの哲学者エンペドクレスのように、この足で一歩一歩登ってみたい。

ただエンペドクレスの場合、山頂にたどり着いたのち、下界に戻ってはこなかった。彼が姿を消したあとの火口付近に、サンダルと上着があったのを日本流に解釈すれば、自殺ということになるのでしょうか。そうなると記録に残るエトナ登山第一号であるだけでなく、なんらかの形而上学的悩みのために自殺した第一号でもあります。また火口の中を見極めようとして誤って落ちたのだと、そういう説もあります。

この世での成功と名声と富も、エンペドクレスの心をむなしくしました。そこでもうすでに老境に入っていた哲学者は、エトナ山に登って自然界の真実を探求しようとしたのだ、といいます。現在も『哲学者の避難所』と呼ばれる場所は、山に入ったエンペドクレスがそこで天空を観察した言い伝えにちなみます。もっとさらに自然の内奥を知りたかった彼は、『哲学者の避難所』をあとに火口に向かって歩を進め、そして帰っては来なかったのです。火口の中に降りるために、サンダルを脱いで降りていったのだ、と。でもなぜサンダルを脱いだのか？　火口内のマグマが熱いことなど百も承知だったでしょうに。ではやは

(上)カターニアの街の中心ドゥオーモ広場。モノクロの優美なたたずまい
(左)カターニア市のシンボル、ドゥオーモ広場の溶岩の象

(上)カターニア大学の文学部。ゲーテが訪れた頃は修道院だった
(下)大学本部の中庭。これも溶岩と大理石の組み合わせ

り自殺だったのか、それとも生前公言していたとおり、エンペドクレスは人間ではなく本当に神だったのか、謎は尽きません。

エンペドクレスが思索を巡らしながら登ったエトナ山の斜面は、今ではシチリアのウインター・スポーツのメッカになっています。エトナ山の斜面を脳天気にスキーで滑り降りるギリシャ人とアラブ人とノルマン人の子孫たちの姿は、どうもエンペドクレスの哲学的な悩みとは重なりません。シチリアを地中海文化の「象徴」としてしか捉えようとしない、外国人たるわたしの限界なのでしょうか。


エトナ山を下って、そろそろカターニアに戻りましょう。カターニアの名所旧跡を、わたしたちはまだほとんど見ていないのです。

カターニアのバロックがエトナ山を抜きにしては語れないことは、ドゥオーモ（大聖堂）広場に立って、周囲を見回しただけでわかってもらえると思います。建築様式としてはバロックなのですが、独特なのは、その白と黒の色使い。「白」は大理石の白、バロックの代表的素材ですね。そして「黒」は溶岩の黒。このコントラストを生かした組み合わせは、カターニア以外にはけっして存在しません。溶岩の黒壁をベースに、柱、窓枠、バルコニーの手すり、破風《はふ》などの装飾部分が白い大理石で飾られているのです。街全体、特にドゥオーモ地区はこの色使いで統一されていて、なかなかシックなたたずまい。

一六九三年の大地震後のカターニアは、一から都市計画をやり直します。まっすぐな整った道路が多いのも、カターニアの街が、あるプランに従って計画された証拠です。この計画の仕上げをしたのが、建築家ジョヴァンニ・バティスタ・ヴァッカーリ。一七〇二年にパレルモで生まれましたが、ローマで建築を勉強しました。エトナ山の溶岩を建築に使うアイデアを考え出したのが、ほかでもないヴァッカーリです。調和のとれた、どちらかといえばあまりシチリア的でないドゥオーモ広場を造ったのも彼でした。

カターニアのバロックといえば、ドゥオーモや大学本部の中庭などが有名ですが、カターニアのバロックの宝石箱ともいえるのは、実はほかにありました。それはクローチフェリ通りとその周辺。クローチフェリ通りとは、街のメインストリートのエトナ通りとほぼ平行して走る細い道で、二〇〇メートルほどの間に素晴らしいバロック教会がぎっしり並んでいるのです。

カターニアの生んだ大作曲家ヴィンチェンツォ・ベッリーニを記念した『ベッリーニ博物館』のある聖フランチェスコ広場から坂を上がり、聖ベネデットのアーチをくぐると、そこがバロックのメインストリートの始まりです。アーチをくぐってすぐ左手にあるのが聖ベネデット教会。数多いカターニアの教会の中で一番美しいと言っても言い過ぎではありません。大理石像の並ぶ美しい階段、バロックの粋を集めたオルガン、色大理石の驚異的な象嵌《ぞうがん》細工など、息を飲むほどの美しさです。いかにもバロック的な豊さですが、それ

(右) クローチフェリ通り。奥がカターニアの至宝、ベネデット教会
(下)聖ジュリアーノ教会

がいかめしくならず、なんとなくやさしいのがこの教会の特徴でしょう。

その隣にあるのがジェズイーティ教会（イエズス会の教会）。ファサード（正面）の二人の天使が印象的です。天使は中性のはずですが、この二人はどこからどう見ても女性です。そのうえ、やけに官能的でもあります。反宗教改革の先鋒たるイエズス会の教会が、こんなに官能的でいいのかとも思いますが、宗教的熱情って、実はけっこう原始的なのかもしれません。そう考えるとこの天使が色っぽいのも、別段不思議ではないのかも？

その先の右手にある聖ジュリアーノ教会も、地味ですがカターニアのバロック建築の中では重要な位置を占めています。ここの教会の鐘楼は、かつて尼僧たちが外から見られることなく夏の暑い日に涼をとれるようになっていたというエピソードがあります。

クローチフェリ通りをジェズイーティ通りのところで左に折れ、まっすぐ行った突き当たりがダンテ広場で、「この世にこんなにおもしろい見世物があったのか」と教会建築好きを狂喜させる、とんでもない建物があなたを待ち受けているはずです。聖ニコラ教会がそれで、カターニア再建期に着手された未完の教会です。なんでおもしろいかというと、ファサードのないバロック教会がいったいどんなものかという、建築史上、他に例のない、世にも稀な例だからです。

「ファサードがない」というのは正確ではないかもしれません。一七〇〇年代の初期に始められた建設は、一応、のっぺらぼうの前面の壁はあるのですが、おそらくクーポラ（丸屋根）になる予定だったのでしょう、上部がまるで未完成で、真っ黒な溶岩の土台がむき出しになっています。内部はクーポラ部分がまっさらだったり、ほかは**ロココ**[※注1]だったり、**ネオ・クラシック**[※注2]だったりと、もう収拾がつきません。

　ただ、中にはゲーテが耳を傾け、幼いベッリーニが弾いたという巨大なオルガンがあります。でも外から見るその姿は工事現場か、よくてもフェデリーコ二世の要塞の出来そこないか、そんなところがせいぜいです。この不思議な建物に関してゲーテのコメントがないのが解せません。当時はまだ建築続行の可能性のあるものと考えられていたからでしょうか。しかしこのバロック教会群は、『ミシュラン』クラスのガイドブックには載ってません。イタリアのツーリング・クラブの出している『グィダ・ロッサ・シチリア』（赤いガイドの意。表紙が赤いから）など、よほど詳しいものを参照しなければだめでしょう。

　ところで普通のガイドブックに無視されているのも、よく考えてみるとまんざら理由のないことではないのです。なんと言ってもクローチフェリ通りの教会、軒並み閉まっているのですから。なにしろ主要な教会はみんなイエズス会、ベネディクト会など修道院の所属です。したがって普通の教会と違って一般に向けたミサも少ないので、その扉は文字どおり、「開かずの扉」となっています。

　こんな教会の扉も、かつては万民に向けて開かれていました。それがなぜ今では固く閉ざされているかというと、とんでもないことにその理由は「盗難」。戦後もこれらの教会から、どれだけの美術品が盗まれたかわかりません。そんなことで教会がとった最終手段は、全面的に教会を閉めてしまうことだったのです。しかし分厚い扉を守っている鍵はといえば、ただ大きくて重いだけの南京錠。教会の内部にセンサーや隠しカメラが仕掛けてある様子もありません。ある教会を案内してくれた親切な尼僧に、さりげなく尋ねてみました。

「でも、こんな鍵で大丈夫なんですか」

「もちろんですとも。神様が見ててくださいますから」

きっとそうなのでしょう。心配するだけ、不信心というものです。

※注1　ロココ／一七二〇年代から六〇年代に主にフランスで流行した装飾の様式。金を多用した繊細・優雅さを特色とする。

※注2　ネオ・クラシック／新古典主義とも。十八世紀中ごろから十九世紀前半のヨーロッパで見られた芸術運動で、装飾性豊かなバロック、ロココ様式への反動から生まれた。ギリシャ的な簡素な美しさを旨とする。

第8章　今に息づく地中海最大の都市の栄華
シラクーサ――聖ルチアと奇蹟のマドンナ像

「私たちはこの勧告に従ってシラクサ行きを中止することにした。それというのも、この立派な町も今はその光輝ある名前以外には何も残っていないということを知っているからである。とにかくあの町には、カタニアからでも簡単に行けるのだ」

こう言ってゲーテは内陸部の穀倉地帯を見る誘惑に駆られ、シラクーサ行きを諦めて、エンナを経由してカターニアに抜けたのはすでに述べたとおりです。何日も馬車の中から単調な風景を見させられた揚げ句に天気も悪かったときたら、彼は内心自分の決定をどれだけ後悔したことか。しかし「カタニアからでも行ける」と言っておきながら、そうするふうもなかったのは、きっと先を急ぐ旅だったからでしょう。

はっきり言ってシラクーサに行かなかったのは失敗だったと、声を大にして文豪に忠告せずにはいられません。エンナに行ったこと自体は、それはそれで大いにけっこう。問題はシラクーサを飛ばしてしまったという事実。今日のシチリアを旅する旅行者は、歴史の凝縮したシラクーサを見ずに帰ることはできないのです。

ここでゲーテの道筋からははずれますが、カターニアから直接タオルミーナには寄らず

(上)ギリシャ劇場。客席は石灰岩の地層を直接削ったもの
(左)シラクーサでもローマ劇場はコロッセオ同様、円形だ

に、ちょっとシラクーサとラグーサ周辺という、シチリアの南東部に下ってみることにしましょう。

同じ町を訪ねても、旅の印象はまさに人それぞれです。シラクーサという街に関するなら、少なくともわたしの目には、過去の栄光を持て余し、歴史の流れから取り残された偉大な田舎町に映ります。天気がよくても悪くても、こっちの気分がどうであっても、シラクーサの持つ一抹の寂しさは、いつもつきまとって離れません。

この点ではゲーテの判断とも一致するのですが、わたしがゲーテに賛成しかねるのは、「今はその光輝ある名前以外には何も残っていない」というくだり。何も残っていないはずがありません。残り過ぎていて、シラクーサについていったい何から話し始めたらいいか迷うほどだし……。

シラクーサの歴史の概略をてっとり早く説明すると、紀元前八世紀に**コリント人**[※注1]によって建設されたギリシャ植民地で、ゲロン、ヒエロン、ディオニシュオスなる僭主《せんしゅ》たち（いわゆる支配者）に支配され、戦争もしたけれど文化も保護して、「アルキメデスの原理」で有名なアルキメデスが生まれて……などなど。詳しいことが知りたいかたは百科事典を参照してください。

ただ、ギリシャ・ローマ世界でシラクーサは栄華を誇った地中海最大の都市だったこと、そしてその栄光は第二次ポエニ戦争でローマに滅ぼされるまで続き（紀元前二一二年のこと）、以後は没落の道をたどるしかなかったことだけは、頭に入れておいてください。

多くの旅人は、ギリシャ遺跡の魅力にひかれ、シチリアにやって来るのかもしれません。だからここシラクーサでも、誰もが最初に考古学地区にあるギリシャ劇場や石切り場に直行するのです。

でもシラクーサには、それだけではない、さまざまな顔があるのです。よく考えてみるとシラクーサのようにギリシャ時代に栄えた市街地が、そのまま現在まで受け継がれている例はほかにはないのではないでしょうか。今まで見てきたところだけでもセジェスタ、セリヌンテ、モツィアは現代とは完全に隔絶した廃墟になっていますし、アグリジェントも考古学地区の外に現在のアグリジェント市街地はあるのですから。その点シラクーサは特殊です。確かにここにも考古学地区があり、ギリシャ劇場もそこにありますが、街の中心は古代から常に、街の南に突き出たようにあるオルティージャ島でした。

その証拠と言ってはなんですが、今の考古学地区にある公共の施設は劇場だけで、あとはシラクーサ特有の石灰岩の石切り場があるだけです。石切り場付近に街の中心があったとはまず考えられません。劇場にしても、ギリシャ人が見晴らしのよい場所に劇場を造ったこと、そして客席を造るのに石を運ぶのではなく、岩場を直接削ったことを考えると、海を見下ろす小高い丘の石切り場の横に劇場があるのもまるっきり不思議ではありません。

　それに加えてオルティージャ島にはアテナ神殿、アポロ神殿などの重要な神殿の存在が確認されているので、この島が二千八百年にわたるシラクーサの歴史の中心地であり続けたことは明白です。ペロポネソス戦争の戦場となった港は、今と同じ場所にありました。シラクーサ海軍がアテネの海軍を破った場所ですね。港の隣、詩人ピンダロスがうたったアレトゥーザの泉も相変わらず街の中心で、日曜の午後、散歩に繰り出すシラクーサ市民で溢れ返るさまは、眩暈《めまい》を起こさせるほど。

　港から街のまん中に入っていくと、すぐにドゥオーモ（大聖堂）広場にぶつかります。バロックのファサードを備えた優美なドゥオーモを中心とする大きな広場は、周辺を囲む海とともにこの街に明るい様相を与えて、没落の持つやりきれなさから救ってくれます。ところがこのドゥオーモ、中に入るとただのバロックでないことは一目瞭然。教会の内部を支える巨大なドーリス式の列柱は、紀元前五世紀初頭に建築されたアテナ女神に捧げられた神殿のオリジナルでした。そこをキリスト教の教会に利用してしまったわけです。

　シチリアにおけるギリシャ世界の崩壊後、アテナ神殿を初めて再利用したのはビザンチンでした。その後ずっとアラブ・ノルマン風のファサードがあったそうですが、これもカターニアを破壊した一六九三年の大地震によって崩壊。教会内の右側の内陣の列柱も、このとき被害を受け、その後バロック様式によって全体が修復されました。オルティージャ島の連続性を象徴しているような建物ではありませんか。

かつてのアテナ女神にかわって街を支配しているのは、シラクーサの守護聖人、聖ルチア。もともとカトリック圏では、各街や職種がそれぞれの守護聖人を戴いています。今でもその信仰がイタリアでは他のカトリック諸国にくらべても、かなり根強い印象を受けます。たとえばオペラの殿堂ミラノ・スカラ座の初日は、毎年一二月八日。街の守護聖人・聖アンブロージォの日にあたり、その日仕事は休みにして、市民みんなが聖人の日というか、むしろスカラ座の初日を祝います。最新鋭の装備を誇る空軍のパイロットたちも自分たちの守護聖人を持っていて、その日にはミサ、閲兵式などをして、飛行中の無事を祈るのだそう。これが果たして「信仰」と呼べるかどうかは疑問です。信仰ではなくむしろ習慣の問題になっているのかもしれません。ところが南イタリア、特にシチリアでは守護聖人への崇拝が、いまだ信仰として生き残っています。今でもパレルモの聖ロザリア、エンナの聖母マリアはたいへんな崇拝を集めていますし、カターニアの聖アガタも有名で、シチリアという島は聖女たちによって守られている、と言った人もいるくらいです。

聖ルチア、サンタ・ルチアと聞くと、きっとナポリあたりの人だろうと勘違いしてしまうのは、きっとあの有名なナポリ民謡のせいでしょう。しかしナポリとサンタ・ルチア本人は何の関係もなく、よく調べてみると彼女はシラクーサ出身の聖女だったのです。ヴェネツィアの中央駅が「ヴェネツィア・サンタ・ルチア」と呼ばれるのは、聖女の遺骨が同地のサンタ・ルチア教会におさめられているから。聖遺物というと世界中に散らばる仏舎利と同じで、とかくうさんくさいものですが、これはかなり信用できるはずです。

イタリアのみならず北ヨーロッパでも広く信仰されるルチアは、貴族の娘として三世紀後半にシラクーサに生まれました。ルチアとはラテン語の Lux（ルクス）、つまり光を意味し、ダンテも『神曲』の中でルチアを天上の光を運ぶ聖女として描いています。三〇四年のディオクレティアヌスの最後の大迫害によって捕らえられ、殉教者としての短い一生を終えたのでした。

そして聖ルチアは眼病に対する守護聖人。これはルチアが自ら両目をくりぬいて、彼女の瞳の美しさをたたえるしつこい求婚者に届けたというエピソードによるものです。殉教の際には、ローマの兵士たちは短剣を聖女の喉に突き刺して、彼女を死に至らしめました。これは十四世紀にはすでに普及していた、彼女の殉教物語のヴァリエーションの一つです。とにかくこんなことから両目と短剣が聖ルチアのシンボルとなることがあります。

その聖ルチアを祭るドゥオーモがアテナ女神の神殿跡にあるというのも、何かいわくありげで、おもしろいではないですか。エンナで見てきた豊饒の女神デメーテルと聖母マリア信仰の間の連続性が頭にあったからかもしれません。もちろん古代の地中海世界に信仰されていた大地母神が洗練されてデメーテルとなり、それにさらにエジプト起源のイシス女神信仰の影響を受け、キリスト教化とともにマリア信仰に変化したのは、もう研究され尽くしています。それに反して聖ルチアとアテナ女神を結びつける材料はまるでありません。

アテナとは知恵の女神であり、光に溢れる合理性の世界を支配しています。それにホメロスはアテナを、「眼光輝く女神」と形容しているではありませんか。だからシラクーサで光を司る処女神アテナが信仰されていたとしたら、光の化身である聖処女ルチアが、アテナのあとを継いで信仰されたのも、なにかきっと根底にはつながるものがあるのではないか。ふとそんなふうに思ったのですが……。

そんなわけでこの街を聖ルチアをライトモチーフとして見ていくと、思わぬ発見がいろいろあります。まずはドゥオーモに入ってみましょう。ふつう、アテナ神殿のドーリス式列柱やバロックのファサードなどを中心とする建築ばかりに目が行きますが、ここでは聖ルチアを探してみました。入ってすぐ右手の廟に不思議な大理石の細工があります。ちょっと見ると一本足の火星人か何かのようで、とにかく怪物に見えるのだけど、いわゆるバロック的な怪物とは趣を異にします。そこでもうちょっと眼を凝らして観察すると、ある具体的な形が浮び上がってくるのです。

火星人の頭だと思ったところは、実は皿のようです。一本足に見えたのは、その皿を支える棒、つまりこれは高坏《たかつき》だったのです。火星人の目は、当然人間の目。ここまで書けばもうおわかりでしょう。高坏の上に、くりぬかれた聖ルチアの両目が鎮座ましましている

(上)ドゥオーモ内の聖ルチアの礼拝堂。高坏の上に両目、そばにナイフが見える　(左)ドゥオーモ広場のベネヴェンターノ宮。今も同家の住まい

のです。高坏と交差するナイフが何を意味するかと言えば、聖女の首をかき切った短剣なのでしょう。これはあまりにも残酷な殉教の象徴ではないですか。

そう言えば絵画彫刻などの造形芸術の世界で、聖人たちが自分を拷問した道具を傍らにおいていることがよくあります。アレクサンドリアのカタリーナの車輪などが、そのいい例でしょう。聖セバスティアーノが矢で射貫かれる図などは三島由紀夫が『仮面の告白』で書いたように妙に官能的かもしれませんが、乳房を切られた聖アガタが自分の切られた乳房をごていねいに二つとものせた盆を掲げていたり、聖ルチアが自分の目を掲げていたり、この手の殉教物にはわたしはちょっと閉口してしまいます。

このシラクーサのドゥオーモの二つの目も、ぎょっとさせられこそ、信仰心を高めてくれるとは思えないのですが、どんなものでしょうか。

次の聖ルチアも、ある意味ではドゥオーモのルチア以上に衝撃的です。これほどの名画が人知れずひっそりと展示されているのはベッローモ美術館。オルティージャ島の先端に近い十三世紀の美しい宮殿で、でも訪れる人もまばらな珠玉の美術館です。

ここの一番の名作はシチリア出身の画家アントネッロ・ダ・メッシーナの『受胎告知』という触れ込みですが、保存状態も悪いうえに、はっきり言って同じアントネッロの『受胎告知』ならパレルモのほうがはるかに衝撃的です。まあ悪い作品ではありませんが、この美術館の持つそれ以上の名作は、バロック時代のイタリアの画家カラヴァッジョの『聖ルチアの埋葬』なのかもしれません。

　画面から漂うあまりのリアリティーと禍々《まがまが》しさに、思わず言葉を失うはずです。地面に横たわる死せる聖ルチアは、聖女というよりまるで無名の屍体にすぎず、異様に窪んだ眼窩から、その両目が無惨にもくりぬかれているのがわかります。まるで神々しい聖性を剝奪されたかのような聖ルチアを囲むのは、同じように打ちのめされた人々。生前の彼女の友人でしょうか。甘いオブラートを排した生々しい残酷な殉教の場面に、見る者は目を背けたくもあるのですが、同時に釘付けにされてしまうはずです。

「シチリア＝死」という、シチリアの暴力的な面を強調するステレオタイプな解釈は極力排除するようにしているわたしですが、なんだかこの絵にはシチリアの負の部分を見るような気がしてなりません。

　もう一つの聖ルチアは、聖ルチア教会におさめられている、聖女の大理石像。やはり死せる聖ルチア像なのですが、横たわるその表情は、殉教の苦しみなど感じさせないほど穏やかです。この像の作者がパレルモの聖ロザリア像と同じテデスキというのが、おもしろい。ゲーテは聖ロザリア像を評して「どんな習練を積んだ人にとっても、あまりに魅力的」としていますが、シラクーサの聖ルチア像も同様の魅力と甘さを秘めています。そう言えばロザリアもルチアも横たわっていますね。ただカラヴァッジョを見てからこれを見てしまうと、どうもインパクトに欠けるきらいがある。テデスキが悪いというのではなくて、カラヴァッジョが凄すぎるのでしょう、きっと。

聖ルチアを別にしても、オルティージャ島で見るべきものは尽きません。バロック期の建物を飾るバルコニーの装飾を眺めるのもいいし、海に近いジュデッカ地区の低層の建物は、いかにも海辺の町らしい独特の雰囲気をたたえています。ちょっとヴェネツィアの小さな島にでも迷い込んだ気分です。

それにシラクーサで特筆すべきは、考古学地区の一角に位置する、新装成った考古学博物館でしょう。イタリアの北から南まで、こんな素晴らしい博物館はいまだかつてわたしは見たことがありません。考古学地区に行っても、この博物館を素通りしてしまう人（特に団体さん）が多いと聞きましたが、それはとても残念なこと。あるわたしの友人などは、さして広くないこの博物館を見るのに、なんと六時間もかけたとか……。でも展示物に関する懇切丁寧な説明をいちいち読んでいたら、そのくらいかかっても不思議はないのです。

この博物館の展示は、シラクーサの先史時代から始まります。周辺で発掘された象の化石の展示から時代を下って、シチリア東部の考古学時代、シカン、シクリ人による初期の文明、そしてギリシャ人の到来により花開いたギリシャ文明までを、素人にもわかるように、ビデオ等の視覚的要素も入れて、懇切丁寧に説明してくれます。

こんな素晴らしい美術館もバロックの遺産もほとんど顧みられることなく、観光客はシラクーサの考古学地区だけを通り過ぎて帰ってしまうのだそうです。午前中にギリシャ劇場を見物し、午後はオルティージャ島を散策してもドゥオーモを見るのがせいぜいで、その日の夕方にはタオルミーナに帰るとか。

「ここには、観光客を誘致する施設が何もありませんから」

と嘆いていたのはバールの女主人。これではゲーテに軍配を上げねばならないではないの。でもつまりはこういうことなのです。シラクーサは豊かな観光資源を持っていても、それに見合う数のホテルもなければ、金のあるツーリストを受け入れるホテルもない。確かに美術館も素晴らしく、それにバロックの街でもあるけれど、それを積極的に生かそうというアイデアも出ない。だから観光客は宿泊施設もよく、観光局がおもしろいバス・ツアーを用意してくれているタオルミーナに泊まって、日帰りでシラクーサに来るのだから、金を落としてもせいぜいが入場料。こんなことで街が潤うはずがない。それに最近は修学旅行の子供たちまでタオルミーナに泊まるくらいなんだから、と、愚痴は尽きません。

ギリシャ世界の雄で、地中海世界を代表する大都市だったシラクーサが一介の地方都市に没落したさまを見るのは、ちょっと不思議な気分です。観光客の存在にもかかわらず、街の根底に流れる静寂は、おおいようがありません。なんとか生き残って都市としても機能を維持してきたものの、時代に取り残されてしまった。でも時代に取り残されたからこ

シラクーサの魚市場。朝から白熱灯をつけるのがシチリア風

そのよさもあるのでしょう。他のシチリアの都市ほどマフィア関係のニュースも聞きませんし、道に捨てられるゴミなどもあまりない、観光客がわりと安心して歩ける街でもあります。

こんな見捨てられた街シラクーサにも、新しい名所が誕生しました。その名をサントゥアーリオ・デッラ・マドンナ・ディ・ラークリメ。つまり「涙の聖母教会」。市の観光協会が何もしなくたって、ここには休日のたびに人が押し寄せてきます。

イタリアでは、ことあるごとにマドンナこと聖母マリアが涙を流します。ちゃんとわかりやすく説明しますと、気がついてみるとなんでもない石膏のマドンナの像が涙を流している。これを「奇蹟」と呼ぶ人もいます。

最近では一九九五年に中部・ラツィオ州のチヴィタヴェッキア（そう、あのスタンダールが領事として赴任していたところです）で、ボスニアから送られてきたという、小さなマリア像が血の涙を流したことがありました。「ボスニア」というのもいかにもいわくありげで、イタリアじゅうが大騒ぎになりました。こんな時に一番慎重な対応をするのはヴァチカンで、早速、専門家を招集して奇蹟の正当性の審査を開始。同時にチヴィタヴェッキアの検察も独自に捜査を開始したのです。その結果マドンナの頰に残った二筋の涙、つまり血痕のＤＮＡ鑑定をしたところ、それが男性の血液だったことが判明したまでは確かです。

その後の展開はフォローしていませんが、騒ぎが起こった直後、マドンナ像が運ばれた小さな教会の前は巡礼者で溢れ、警察まで出動し、ちゃっかり物売りをする奴もいたのは忘れられません。ポーランドからも観光バスで巡礼にきたグループがいたのにも驚きました。もっとも彼等はローマに同郷のジョヴァンニ・パオロ二世を訪ねたついでだったのかもしれませんが……。

とにかく奇蹟が商売になることだけは確かです。チヴィタヴェッキアに続けとばかり、イタリア各地のいくつかのマドンナ像も一斉に涙を流したりして、あれにはなかなか考えさせられるものがありました。

ここシラクーサでも、かつてマドンナが涙を流したことがあります。そのマドンナ像を安置し、巡礼者を受け入れるべく建てられたのが「涙の聖母教会」です。宇宙ステーションにしてもいいほどの現代建築の教会は、シチリア名物のスナック、アランチーノによく似ています。アランチーノとはチーズを入れたリゾットをテニスボールほどの団子状にし、それにパン粉をつけて揚げたものなのですが、これがまたおいしい。形はオレンジ（イタリア語でアランチァ）みたいにまん丸のと、円錐形のとがあって、この教会は後者の形をしています。モダニズムも根はフォークロア（民間伝承）だった、ということなのでしょうか。

ところでこの教会の建設にまつわるエピソードを、シチリア出身の作家ヴィンチェンツォ・コンソロの皮肉を借用して説明すると、こうなります。

「色つき石膏像のマドンナの涙に、ある共産主義者の労働者の家での悲惨なイメージの涙に、五〇年代に再び巡ってきた選挙戦という切迫した状況の中で起きた、この奇蹟的な出来事に、新しい巡礼地は端を発しているのだ」

これも少々説明の必要なフレーズです。第二次大戦後イタリアでファシズムが崩壊したあと、イタリアの政界を支配したのはキリスト教民主党に代表される保守勢力と、共産党に代表される革新勢力の一騎打ちの構図でした。当時、ヴァチカンを指導していた教皇ピオ十二世は熱狂的な反共産主義者として有名で、その結果当時のヴァチカンは反共路線をもって、積極的に国政に介入していたのです。当時カトリック教会の選挙活動は熾烈《しれつ》でした。共産主義に対するカトリック的価値の優越が叫ばれ、さまざまなプロパガンダが選挙戦でも行われました。

五三年の国政選挙をめぐる雰囲気も、そんな敵対的なものでした。そんな中、シラクーサに住む共産主義者だった労働者の家の聖母像が、涙を流したのです。それを教会が放っておくはずがありません。コンソロの言いたかったことも、おそらくこうした時代背景なのでしょう。

「悔い改めなさい。悔い改めれば共産主義者の家の聖母さえ涙するのです。だから悔い改めてキリスト教民主党に投票しなさい」

そこでシラクーサの奇蹟はヴァチカンから承認されただけではなく、立派な教会まで建ててもらいます。きっと、正真正銘の奇蹟だったからなのでしょう。でも別の見方をすると、そんな奇蹟の必要な、つまりはそういう時代でもあったのです。

それに石膏で作った像なら、遅かれ早かれ「涙」を流します。つまり石膏の中にあった水分が外に蒸発する際に水滴になるのは理論的に立証できるから。それが聖母の衣のどこかについていたら、「朝露だろう」くらいに思われて、別に話題にも上らないでしょう。不敬な例で恐縮ですが、その水分が鼻の下にでも結晶していたら聖母の鼻水になるわけで、これでは奇蹟もなにもあったものではありません。でもその瞳に水分が集結すると、きっと奇蹟ということにもなりうるのです。

日曜になると、観光バスから善男善女たちが、どどっと聖域に降り立ちます。ナンバープレートを見ると、バスはシチリアのみならず本土からもやって来るようで、信仰の広がりを教えてくれます。年配の人ばかりでなく、若者が多いのも印象的でした。バスから降りた人々は、みんな宇宙船のような巨大な教会に吸い込まれていき、日曜のミサに出席するのです。

ミサから出てくると、門前市をなすとはまさにこのことなのでしょう。教会の前には絵葉書やら石膏像やら、聖母グッズを並べた土産物屋が軒を連ねています。絵葉書を買い込んだ信者も幸福そうですし、売った商人もうれしそう。これでみんなが満足し、暮らしがたっていくのだから、こんなに幸福なことはありません。聖母の経済効果。これを奇蹟と呼ばずして、いったい、ほかの何を奇蹟と呼べばいいのでしょう？

※注1　コリント人／ペロポネソス半島にあった古代ギリシャの都市国家・コリントの市民。シチリアにも多くの植民市を築いたが、中でもシラクーサは有名。

第9章　バロックの田舎町はお菓子の宝庫！
ラグーサ、ノート、モディカで建築散歩

シラクーサ県の西隣、イタリア最南端のラグーサ県の存在を初めて意識したのは、シチリア出身の作家レオナルド・シャーシャの随筆集の一編、『モディカ伯爵領』を読んだ時のことです。

旧モディカ伯爵領とは、現在のラグーサ県にほぼ相当する地域です。シャーシャは述べます。他のシチリアの街から県境を越えてラグーサ県に入ると、そこには他のシチリアとはちょっと趣を異にする、独特の空気がある、と。まるで外国にでも入ったような、一口に言って穏やかで、暮らし向きがよく、土地の産物も素晴らしく、自由なところがほかのシチリア、とりわけシチリア西部の旧大土地所有地域の厳しく暗い空気とは根本的に異なるというわけです。メッシーナ、タオルミーナ、カターニアを中心とするシチリア東部全般も、そんなやさしい雰囲気を持っていますが、ここ旧モディカ伯爵領はそれがいっそう顕著だとか……。もっとわかりやすく言うと、シチリア全体が大西部みたいな無法地帯に似ているのに対し、モディカ伯爵領は法治地区だということでしょう。

そしてその説明を、シャーシャは歴史的要因に求めています。他のシチリアとは異なる

歴史的発展が、ラグーサ独特の雰囲気を作ったのだと……。

現在のラグーサ県は、一九二六年にシラクーサ県から独立した比較的新しい県で、県庁所在地のラグーサをはじめ、モディカ、イスピカ、コミゾ、ヴィットリア、シクリなど、一二の市から構成されている小さな県です。かつてこの一帯はシチリア一の名門キアラモンテ家の領地でしたが、同家の断絶に伴い、十五世紀にモディカ伯爵領はスペイン貴族ベルナルド・カブレーラに譲られました。そして一七〇二年以降はスペイン国王の直轄地になり、そのままリソルジメント（イタリア統一）にまで至ったのです。その間伯爵領は「国家の中の国家」として、シチリア総督府の干渉も受けず、独特の自由を享受してきたのです。まず、他のシチリアの地域との一番の違いは、モディカ伯爵領では独自の政府があって、法律も他とは異なっていたこと。そのうえシチリアの大土地所有の定型である「大領主―ガベロット―小作人および日雇い労働者」という、過酷な搾取の体系が存在しなかったこともあります。そのかわりに常にスペインに居住していた領主のもと、小貴族と並んで、中小土地所有の農村ブルジョワジーと比較的豊かな小作人によって農業経営が行われていたのです。十五世紀にモディカ伯爵の方針で導入された永代小作権の譲渡と低い年貢が、この独自の農村の発展をさらに促しました。

小さいながら完結した経済圏を形成していたことも、またおもしろい。シチリアの農業が穀物と牧羊に限られていたのに対し、モディカ伯爵領では小作人も自分の農園を持ち、それを多岐にわたり活用していました。多くの種類の作物を栽培していたのみならず、牛、馬、豚、鶏などさまざまな動物が飼われ、水車はあるし、チーズも作る。蜂蜜も服も家庭用品も、みんな自給自足の手作りです。なかなか理想的な田園風景ではないでしょうか。

こんな豊かさが、モディカ伯爵領独特の平和を育んだのでしょう。ここの住民が親切で感じよく、なおかつ遵法精神に富み、シチリアを語る際に見え隠れする暴力とは無縁なところにいるとは、よく言われるところです。この地方を旅してみると確かに街にはゴミは少なく、整然としているし、人々はテキパキと仕事をこなしているし、あまりシチリア的ではありません。もちろん「ただ単に田舎だから」という説明も成り立ちますが、それでもなんらかの独特の平和なムードを見るのは、考え過ぎというものでしょうか。

このシチリアらしからぬムードはラグーサ県のみならず、近隣のノートや、さらにシラクーサあたりにまで拡大できるようなので、このあたりを一つの独立した文化圏と見なしてもいいかとも思います。この一帯がバロックで統一されているから、よけいそんな印象が強いのかもしれません。バロックだけでなく豆類を多用した郷土料理であるとか、特産のお菓子など、些細な面でもこの地区はいろいろ共通点で結ばれているのです。

でもなぜバロック地帯なのか。理由は簡単で、ここもカターニア同様、一六九三年の地震でものの見事に破壊されたからなのです。廃墟の街を復興するときとられた様式が、当時最先端のバロックでした。したがってこの地域は、県全体がバロックによる都市計画に従って建設された、世界にも稀に見るバロックの宝石箱なのです。

　ではまずは旧モディカ伯爵領に入る前にノートへ寄ってみましょう。リソルジメント以後県庁所在地が最終的にシラクーサに移る以前は、ここノートもこの地方のもう一つの中心として栄えていました。まあここから現在まで続くノートの没落が始まるのですが、それでも常にシチリア王国の長、**スペイン・ブルボン王家**[※注1]に忠実であった街だけあって、今でもなんとなくノーブルな雰囲気をたたえています。こんな小さな街に一〇もの修道院や数多くの素晴らしい貴族の館が存在するのもその証拠。

　今のノートから一〇キロほど北西に行ったアルヴェリアの丘にある古いノートの街は、一六九三年の地震で完璧に破壊されました。地震はおびただしい数の犠牲者を出し、住居を破壊し、経済活動に壊滅的打撃を与えたのみならず、その後に襲った疫病のため、人々は古い街を捨てざるをえなかったのです。そして近隣のメーティの丘に都市計画を持って建設されたのが、バロック都市ノートでした。都市計画に際しては多くの建築家が動員されましたが、その中でも有名なのはヴィンチェンツォ・シナトラ、そしてラグーサやモディカの復興でも活躍したロザリオ・ガリアルディの名も挙げられます。

　丘の上の斜面の存在にもかかわらず縦横にまっすぐ走る道はすっきりした印象を与え、建設に使われた石材も大理石ならぬ、オレンジ・シャーベットのような淡い色。統一された色合いだけでなく、バルコニーの形、ところどころに溶岩をあしらった石段の造りなどがすっきりと調和がとれているのも、この街の一大特徴でしょう。

　ノートは同じバロックの街でもパレルモと違って、街をぶらつくだけでバロックが堪能できる街です。もっともこれは教会の中に入っても別に大したものはないよ、という意味でもあります。つまりここのバロックのエネルギーは、すべて外面に注がれているのです。とにかく地震で破壊された街の再建が先だったのですから、まずは入れ物を作ったのは当然と言えば当然。きっと中まで手が回らなかったのでしょう。

　ノートの街は二本のメイン・ストリートを中心に組み立てられていて、大きいほうの**ヴィットーリオ・エマヌエーレ**[※注2]通りには主に教会が、それと平行して走るカヴール通りには貴族の私邸が並んでいるようです（通りの名前はブルボン的というよりも、すこぶる新生イタリア王家のサヴォイア的な名前ですが……）。

　もちろんバロック教会のファサードや階段も大きな魅力になっていますが、もう一つノートの魅力になっているのは、立ち並ぶ貴族の邸宅の造りかもしれません。建築家たちの才能が発揮されたのは教会などの公の場だけではなかったのですね。それは個人の邸宅にもいかんなく発揮されました。カステルッチオ邸、アストゥート邸、トリゴーナ邸、ドゥチェーツィオ邸、ニコラーツィ邸。これらの私邸も教会同様、シナトラ、ガリアルディなどの建築家の手になるもので、ひょっとしたら教会以上におもしろいかもしれません。

その中でも、現在、市立図書館となっているニコラーツィ・ヴィッラドラータ邸のおもしろさは筆頭です。ヴィットーリオ・エマヌエーレ通りとカヴール通りを結ぶ坂の途中に位置するその建物には、シチリア南東部でよく見られる怪物のバルコニーの傑作があるのです。

この怪物のバルコニーはシチリア・バロック特有のもので、パレルモで見てきたパラゴニア荘の怪物たちも、その精神的後継者といっていいかもしれません。パラゴニア荘ほど荒唐無稽ではないとしても、本章のテーマ、シラクーサ県やラグーサ県を中心とする地域のバロックの館のバルコニーは、グロテスク趣味の怪物たちによって支えられているのです。

一見、普通のバロック風のバルコニーなのですが、その下のほうをよく見ると、その梁《はり》の部分がグロテスクな怪物たちの彫刻からなっているのがわかるはずです。ニコラーツィ邸の場合は主題が理解できるだけ、まあまともなほうと言えましょう。バルコニーの一つ一つに主題があって、仮面のバルコニー、ライオンのバルコニー、セイレンのバルコニー、ケンタウロスのバルコニーなどが、整然と並んでいます。さすが貴族的なノートだけあって、怪物趣味でもかなり上品に仕上がっているようです。後述するラグーサ近辺のバルコニーに至っては、人間なんだか、ゴルゴン（怪物）なんだか、はたまた動物なのか、まるで見当もつかないくらい、とんでもない代物ばかりですから。

この聖ニコロ教会の丸天井の半分が、96年 3 月11日未明、突然音をたてて崩れ落ちた。以前の地震で入った亀裂に雨水が入りこみ、次第に漆喰を浸食していったらしい

ノートの街の中心 5 月16日広場の噴水のユーモラスな彫刻

地震後の都市計画によるため、すっきりまとまったバロック都市ノートの町並み

スペイン・ブルボン王家に忠実であった街ノートも、今ではすっかり寂れてしまいました。県庁所在地の地位はシラクーサに奪われ、同じシラクーサ県でも北部のアウグスタあたりは重工業地帯として発展しましたが（ここも最近は景気が悪いようですが）、ノート近辺にはこれといった産業もありません。バロックの街として知る人ぞ知る存在ですが、タオルミーナやアグリジェントのように団体さんが次々にやってくることもありません。

ブルボン家に忠実でありすぎたばかりに、国家統一後の時代に乗り遅れてしまったのでしょうか。二本のメイン・ストリートにせっかくヴィットーリオ・エマヌエーレ通り、カヴール通りと、サヴォイア的な名を付けておべっかを使ったのに、そのくらいでは駄目だったみたいですね、やっぱり……。

そしてそんなノートの先が、問題の旧モディカ伯爵領こと、ラグーサ県です。

お隣のノートの貴族的なたたずまいとはちょっと違います。高地にある有名な農場も今では数少なくなっていますし、海岸部には新しく海水浴場ができて、観光化の波が押し寄せ、ハウス栽培の畑が続く風景は、きっと、かつてのモディカ伯爵領とはまるで違ったものになってしまったのでしょう。でもなんとなく平和なその雰囲気は、県境を越えるとますます強まるような気がするのです。

この地方の街はすべて、ノート同様に一六九三年の地震で破壊されたのち、バロック様式で再建されました。地図を見れば一目瞭然なのですが、モディカの街は地震後以前と同じ場所に再建され、逆にラグーサでは新しい市街地がイブラと呼ばれる丘の上の旧市街の横に伸びていったのです。モディカとラグーサの旧市街が入り組んだ小道に特徴があるのに反して、ラグーサの新市街はちょうどノートの街のように碁盤の目のように整然としているのです。

モディカも、谷の下の聖ピエトロ教会を中心としたコルソ・ウンベルト街付近に多少は拡大していきましたが、ラグーサの市街地拡大の勢いは、イブラのほかにもう一つ別の街を作ってしまうほどでした。実際、行政的にも二つは別の街だったこともあって、今でも旧市街を「ラグーサ・イブラ」、新市街をただの「ラグーサ」と呼んで区別しています。

モディカの再建が市民の合意を得て前からの場所に一応おさまったのに反して、ラグーサでは古い封建貴族が破壊された旧市街に固執する一方、農業ブルジョワジーを前身とする新興階級のほうは、新たに街を建設することを希望した経緯から、街は二つに分裂していったのです。市民たちは新しい市街に、邸宅や公共施設のみならず自分たちの精神の反映の場を見たかったのでしょう。なんだかパレルモの新旧市街の対立を見るようです。パレルモの場合、新興ブルジョワジーの登場が十九世紀後半と遅かったのですが、ここでは十七世紀にはすでに新しい階級の勃興が見られました。やはり土地の所有形態の相違が、歴史の発展を変化させているのでしょう。

とにかく新興階級が自分たちのラグーサを作る際にとった様式がバロックで、一七三〇年以降ようやく封建貴族が旧市街の復興に手をつけた時にも、バロックによる修復を踏襲したのでした。その代表作がラグーサ・イブラにあります。建築家のガリアルディの手になる聖ジョルジョ教会です。

しかしながら街の再建は、長い目で見るとその後の両市の発展に大きな差を作ったのです。狭い地域にとどまったモディカが次第に硬直していったのに対し、市街地を広げたラグーサが優位に立ちます。ラグーサ近郊での一八四九年のアスファルト鉱山の発見、一九五三年の石油の発見が、さらにラグーサの優位に輪をかけたのです。丘の上の伝統的な生活を保ちつつ、平野での新しい領域を広げたラグーサの勝利なのでしょう。

ところで、このラグーサ県の街をこの目で見る以前に、わたしはここに関する本ばかりを読み過ぎたような気がしてなりません。シャーシャがこう書いていたからとか、ラグーサ県のコミゾ出身の作家ブファリーノもこう言っていたからとか、そんな予備知識だけの上に立って、この地方を見てしまったのではないか。ごくごく短いラグーサ滞在だったこともあって、本当に自分の目でこの土地を見てきたのか、こうして書いている今になって、なんだかおぼつかなくなってしまいました。バロックという一様式に集約され、現実離れした小宇宙みたいな夜のラグーサ・イブラを思い返すにつけ、そんな疑問は自分の中でますます強くなっていきます。

(上)フルッタ・デッラ・マルトラーナと、中央はピスタチオ入りのトッローネ
(中)砂糖のかたまりトッローネだが、シチリア産のはただ甘いだけではない
(右)コンポートを固めたようなコトニャータ

ラグーサが他のシチリアとずいぶん異なるという歴史的事実は否定できませんが、だからと言って「マフィアもいないし、人々は親切、小綺麗、遵法精神に富む、といわれるけど、今のラグーサが本当にそうなのか？」と聞かれたら、答えようがありません。表面をさっとなぞっただけのような気がしてなりません。

これはシチリアを旅する外国人すべてが抱える問題なのでしょうか。シチリアという島、あまりにも書物になり過ぎていて、シチリアへ赴く旅人は多かれ少なかれ、本から得た予備知識に影響されて考え、行動しているのではないでしょうか。

わたしたちの案内役ゲーテとかフランスの作家モーパッサンなどが残した旅行記は、時代も離れているので、それほどわれわれのシチリア観に直接の影響は及ぼさないでしょうが、二十世紀のシチリアの作家たちの作品は曲者です。どうやら彼等は自分たちの故郷について書かずにはいられないらしく、たくさんの作品、それも名作がゴロゴロしているのですから。そんなわけで、その影響下でのみシチリアを見ているのでは、という疑問がいつも頭をよぎります。実際の人々の生活に長い間触れたわけではないし、書物の知識を再確認するために、自己満足から旅をしているのではないか、と。

その存在自体が象徴と化してしまっているこの島と、旅人は、いったいどう対峙したらいいのでしょう。

でもただ一つ確信を持って言えることは、ラグーサ県に点在する、独特のバロック都市の素晴らしさでしょう。誰がなんと言おうと、これだけは間違いありません。バロックによって再建され、バロックにしがみついたまま現代にまで至ってしまった、そこはかとなく寂しい街。内陸の住人にすら揶揄される、シチリアの片隅にある街。アフリカに一番近い、バロックの辺境……。

ところでこのバロック地帯、すこぶるおいしいお菓子の産地でもあったのです。特製のチョコレート、りんごのコンポートを使ったコトニャータ、爆弾的甘さの砂糖菓子トッローネなどの名物や、それにアイスクリームも、こんなおいしいものをかつて口にしたことがありません。バロックを訪ねながらお菓子を食べ歩いている人もいるくらいですから、バロックとお菓子の相関関係はもう明らかです。わたし自身もシチリアの旅でそれをちゃんと実証しました。バロックの街はお菓子のおいしい街と思って、まず間違いありません。ナポリ、レッチェ、トリーノ、南ドイツ、ウィーンなどなど……。どこもお菓子の宝庫です。

たとえば偉大なルネッサンスの伝統にしがみつき、他の様式をまったく拒否し続けたフィレンツェ。けっして小さくないフィレンツェの街には、気の抜けたようなバロックもどきの建物がたった二つあるきりで、それが証拠にこれといった銘菓もありません（さらに付け加えるならリバティー様式の建物も一つだけ）。あったとしてもビスケットのような焼き菓子ばかりで、こってりしたクリームを使った五感を駆け巡るような官能的なお菓子とは無縁の土地です。やはりバロック的菓子は、カロリーたっぷりの波打つクリームの悦楽抜きには語れないのかもしれません。

ノート、ラグーサ、モディカ……。今や時代から見捨てられてしまったようなシチリアの片隅の田舎町。でもたとえバロックの辺境にあったとしても、このお菓子のおいしさだけで、立派に偉大なバロック都市の条件を満たしているのではないでしょうか。

※注1　スペイン・ブルボン王家／カルロス二世の死によってスペイン・ハプスブルク家が断絶したのち（一七〇〇年）、フランス・ブルボン王家のルイ十四世の孫で縁続きのアンジュー伯フィリップをフェリペ五世として王に迎えたことから、スペイン王家もブルボン系になる。

※注2　ヴィットーリオ・エマヌエーレ二世／北イタリア・ピエモンテのサヴォイア王家の王で、一八六一年のイタリア王国成立後は、イタリア王として即位する。

第10章　「これほどの景色を眺めた者なし」タオルミーナ

風光明媚な世界の観光地への変遷

　だいぶ寄り道をしたようなので、この辺でまたゲーテに合流しましょう。カターニアをあとにしたゲーテはシラクーサ行きを考えることもなく、まっすぐ景勝の地タオルミーナに向かいました。カターニアと最終目的地メッシーナの中程にあるタオルミーナは、海から切り立った海抜二〇四メートルの崖の上に位置する、小さいながらシチリアきっての観光地です。

　カターニアからタオルミーナまでの短い道程は、鉄道がお勧めです。高速道路も早くていいけれど、エトナ山が見えこそすれ、海はあまり見えません。ところが海岸線を行く列車の右手には、常に海が見え隠れします。『オデュッセイア』で、逃げるオデュッセウスに向かって巨人キュクロプス族のポリュペモスが投げたと言われる岩があるアーチ・トレッツァの岩場、海の妖精ガラテアと相思相愛だったアーチを嫉妬し、これまたキュクロプス族がアーチを殺したアーチレアーレ、そんな神話の舞台を通って、列車はタオルミーナに到着です。

　海岸沿いにある駅から岩山のつづれ折りの道を上っていくと、そこがタオルミーナの街です。シチリア的というのにはほど遠い、おもちゃの国のような可憐な街並みにがっかりするか、喜ぶか、それはあなた次第ですが、タオルミーナのホテルで一緒になった、あるアメリカの老婦人の言葉が忘れられません。

「タオルミーナ、大好きだわ。ほんとに可愛いくって、ディズニー・ランドみたい！」

これを聞いてあきれ果てていた人もいましたが、わたしに言わせるなら、至極名言。カプリ島をもっとチマチマとまとめたような愛らしくも清潔な町並みは、どことなく綺麗すぎて、その人工の綺麗さの陰には、嘘の匂いすらしてしまう。こんなところがタオルミーナとディズニー・ランドの共通点といえましょう。


タオルミーナの街に、これといって何があるわけでもないことは、当地に滞在したゲーテの日記でも明らか。タオルミーナでゲーテのしたことは、散歩と空想と、『オデュッセイア』を下敷きにした戯曲のプラン作りのみでした。要するにタオルミーナというところ、なんにもせずに素晴らしい風景と海と温暖な気候を楽しむところなのでしょう。ここまで来て「何かおもしろいものはないか」と、目の色を変えて観光に駆けずり回るなど、それこそ野暮というもの。

「何もない、何もないというけど、シチリア第二の規模を誇るギリシャ劇場はどうなんだ！」という抗議の声が上がるかもしれません。今でも現役の劇場は、前方にエトナ山とシラクーサまで続く海岸線を望む素晴らしい借景で、「劇場の見物人として、これほどの景色を眼前に眺めた者は外にあるものではない」とゲーテをして言わしめた、世界のどこにも例を見ない美しいロケーションの劇場です。それを囲む町並みも、またまた絵にも描けない美しさ……。

にもかかわらず、「何もない」と声を大にして言ってしまうのは、いったい、なぜなのか？　ゲーテのほかにも詩人のバイロンやハイネがたたえたギリシャ劇場も、たとえばシラクーサのそれの考古学的価値にくらべると、やはり見劣りがしてしまいます。それに劇場のほかには、これといって見るべきものもありません。

紀元前三五八年にナクソスからのギリシャ人入植者によって建設されたタオルミーナは、古い歴史を持っています。アラブ・ノルマン時代を経て、その後もそれなりに存在し続けたのだから、まるで歴史がないわけではありません。でも十八世紀初頭になると、メッシーナ・カターニア間の街道からも外され、その結果、あとに残ったのはいくつかの修道院と、漁師と羊飼いだけが住む、寂れた村だけ。それがゲーテ時代のタオルミーナでした。

そんな寒村タオルミーナが華々しく脚光を浴びるのは、十八世紀後半のことです。時代に取り残されたからこそ保存されていた中世以来の町並みと、ギリシャ劇場という当時はやりの考古学的遺跡、そして自然の景勝を利用して、タオルミーナは僻地の寒村から世界の観光地への脱皮を図ったのです。

ところで十八世紀といえば、物見遊山を目的とした旅としてのツーリズムが確立した時期です。それ以前も旅する人は多く存在しました。商用の旅、勉学の旅、修行の旅。陸続きのヨーロッパで何かを究めようと思ったら、国境を越えて移動するのは珍しいことではありませんでした。しかし十八世紀中盤以降になると、新たな旅の形態が登場してきます。旅自体を目的とした旅。つまり、のちの「観光」に一致する、新たな旅のジャンルです。

社会が安定してきたことも、ツーリズムの発展に大きく寄与しているのでしょう。街道筋が整えられ、旅も以前にくらべるとずっと安全なものになってきました。**三十年戦争**[※注1]以来、ヨーロッパじゅうを戦場とし、国民経済を疲弊させてしまうような大きな戦乱はなく、比較的平和な時期が続いたことも旅行を可能にした一因でしょう。社会が安定すると経済も安定し、それを享受する階層もあらわれます。いくら旅がしやすくなったといっても、当時の旅にはまだ莫大な時間と金がかかりました。そんな中であらわれたのが、貴族階級を中心とするグラン・トゥール、つまりヨーロッパ文明の源たるギリシャ・ローマ世界への、大旅行の風習です。

タオルミーナの発展は、期せずしてツーリズムの変遷と重なります。大旅行の風習が確立し始めた時期に、ちょうどタオルミーナも折からの古代ブームに乗って有名になっていきました。でもまだそのころの旅行はゲーテのような知識人の旅か、貴族の子弟のための

タオルミーナ海岸のイゾラ・ベッラ。夏は海水浴客でごった返す

教養旅行の趣が強かった、いわばカルチャー旅行です。そんなツーリズムが変質するのは十九世紀の終わりから二十世紀初頭にかけてのこと。いわゆるベル・エポックの到来とともに、教養の旅から遊興・社交の旅へと、旅行の本質も変わってくるのです。そしてその舞台の一つとなったのが、タオルミーナだったわけです。

たとえ訪れる人がいたとしても、一八五〇年ごろのタオルミーナは、周囲の騒ぎをよそに、まだまだのんびりとしたものでした。ギリシャ劇場は半ば土に埋まり、羊の放牧のための格好の空き地になっていて、羊飼いに連れられた羊が草をはむ場所だったのです。十九世紀中ごろというと、一八四八年二月にパリで始まった革命（**二月革命**[※注2]）の嵐がヨーロッパじゅうに飛び火した時期でもあります。

シチリアでも騒乱が起き、それを鎮圧しにナポリから遣わされ、帰路偶然タオルミーナに立ち寄ったフィランジェーリ公が、この地の美しさと劇場の考古学的価値に目を見張ったのです。これがタオルミーナ再発見の第一歩でした。

しかしいくらフィランジェーリ公が孤軍奮闘したとしても、タオルミーナの名をヨーロッパじゅうに有名にするには、外国人の訪れを待たねばならなかったのです。

そして一八六三年、ドイツ・プロイセン貴族オットー・フォン・ゲーレングがタオルミーナの地を訪れます。彼がタオルミーナに着いた時には、まだ一軒の宿屋もない状態だったとか……。同年末にベルリンとパリに帰ってタオルミーナを描いた自分の絵を見せたところ、それが現実の風景だと信じる人は、なんと一人もいなかった。そこで彼はパリから三人の友人を伴って、タオルミーナに戻ってきたのです。その三人を泊めるために即席にあつらえられた館こそ、タオルミーナのホテル第一号、つまりタオルミーナ観光の始まり、ということになるのでしょうか。

その後、噂は噂を呼んでタオルミーナにはヨーロッパの有閑階級が集まるようになりました。たくさんの館や家がホテルに姿を変え、羊の群れが土埃を上げながら通り過ぎていた道も舗装され、折からの農業恐慌に見舞われていた周辺の農民は農業を捨てて観光産業のおこぼれにあずかるべく、タオルミーナに流れ込んで来ました。一八六六年にメッシーナ・カターニア間に鉄道が開通すると、タオルミーナまでの旅はさらに容易になります。

それに加えて同年一〇月の修道院解散令とその財産の没収が、かつてはタオルミーナの中心であった修道院を閉鎖、追放します。こうして貧しく、信仰心に厚い寒村タオルミーナは、劇的な変化を遂げていくのです。

こんなタオルミーナの名を一躍高めた主役が、実はもう一人いました。やはりプロイセン貴族ヴィルヘルム・フォン・グレーデン男爵がその人。一八七六年、かねてからの知り合いゲーレング男爵の招きによってタオルミーナにやって来たフォン・グレーデンの目的は結核の治療ということでしたが、厳格なドイツから逃げて、自由な空気を享受したかったた、というのが本音ではないでしょうか。

タオルミーナでのフォン・グレーデンは、養父である、皇帝ヴィルヘルム二世の寵臣ハマーシュタイン男爵からの潤沢な仕送りで毎晩華やかな宴を供する、なんとも優雅な有閑貴族でした。同性愛者であった彼は、地元の少年たちを集めて、タオルミーナで一種のハーレムを作っていたのです。

そんな彼の生活を一変させるのが、養父ハマーシュタイン男爵の逮捕です。皇帝の秘密を漏らした罪で投獄され、財産を没収された養父からの仕送りが途絶えると、彼はすぐさま経済的困窮に見舞われます。金策のためにタオルミーナのドイツ人をはじめとする外人社会を回りますが、落ちぶれた彼には誰もが冷たかった。ただそんな中でも取り巻きの少年たちをはじめとする地元の人々がよくしてくれたことは救いでした。そして唯一彼に金を送ってくれたのは、友人のメクレンブルク公爵だけ。同じ同性愛者同士のよしみからなのでしょうか。

人生なんて、まったく何が幸いするかわかりません。送ってくれた金のお礼にと、フォン・グレーデンはメクレンブルク公爵に、取り巻きの少年たちのヌード写真を送ります。タオルミーナの遺跡、海を背景にしたギリシャ的舞台装置に裸の少年たちを配した写真は大成功をおさめ、ついにはドイツの雑誌を飾ることにもなります。災い転じて福となる、とはまさにこのこと。フォン・グレーデンは一流の写真家として世に知られるようになり、モデルになった少年たちも、一躍有名人です。

その後、彼の写真がきっかけで、タオルミーナは同性愛者の楽園になり、同性愛者でなくとも、ちょっとした刺激を求める有閑階級のデカダンスな雰囲気が街に漂います。有名どころでは妻と離婚して自由を満喫していたイギリスの作家オスカー・ワイルドが長期滞在しましたし、イタリアの詩人ダヌンツォも訪れています。

今でもタオルミーナのメイン・ストリートであるコルソ・ウンベルトを歩くと、フォン・グレーデンの撮った少年たちのヌード写真が、まるで街の誇りとばかり堂々と飾られているのには驚かされます。当時も「良俗を侵害する」とも言われた、あられもない少年たちのヌード。数年前なら日本の税関では没収されていたような代物です。そんなのが大手を振って主役をしているのですから、タオルミーナというのもおもしろいところです。

もっともよく考えると、それも当然の扱いかもしれません。フォン・グレーデンの写真があったからこそ、ここまでタオルミーナの名が知られ、街は潤ってきたのですから。逆境のフォン・グレーデンを当時の街の人々がけっして見捨てなかったように、現在のタオルミーナ市民も、この同性愛者のドイツ人男爵に敬意を表し続けているのでしょう。だとしたら、すごくいい話です。

ここで話題は一変しますが、今日のシチリアに抱くイメージというと、マフィアの問題とか、不況、失業に代表される貧困の問題とか、あまりいいイメージはありませんし、景気のいい話など、聞いたことなどあったかどうか……。ところがそんなヨーロッパの辺境にあるこの島が、かつて活気で満ち、ヨーロッパの中心地の一つだったと言われても、あまりピンとこないかもしれませんが、そんな時期も実は存在したのです。一八六一年のイタリア統一後のことでした。

十九世紀後半に、ここシチリアでも産業ブルジョワジーが勃興したことは、第3章のパレルモ編でも若干触れたところです。そのシチリアの産業の発展に少なからぬ貢献をしたのがイギリス人です。イギリスとシチリアの関係は、十九世紀初頭のナポレオン戦争時代にさかのぼります。地中海におけるフランスの覇権を警戒したイギリスにとって、シチリアは重要な防衛拠点だったからです。それでそのころから多くのイギリス人がシチリアに移り住むようになりました。

たとえばトラファルガーの海戦でナポレオンを破ったので有名な、イギリス人のネルソン提督。両シチリア王の信任を得た彼は、エトナ山麓のブロンテに領地を与えられもしました。こうした政治家、軍人のみならず、多くのイギリス人が事業のためにシチリアに渡ったのです。その中でも有名なのがマルサーラに渡り、有名なマルサーラ酒を造り出したインガム家やホイットカー家でしょう。

マルサーラというとイタリア統一のためにシチリアを目指したイタリア統一の立て役者、ガリバルディの千人隊が上陸した街として、イタリアの近代史ではつとに有名です。それほどイタリア史に興味のないごく普通の人にとっては、むしろデザートワインとして有名なマルサーラ酒の故郷といったほうがとおりがいいかもしれません。イギリス人愛飲の酒は、かねてからクラレット（ボルドー産の赤葡萄酒）とスペインのシェリーとポルトガルのポルト（ポートワインのこと）。そんなイギリス人が、食前食後の酒のための糖度の高い葡萄を求めてたどり着いた先がシチリア、それもマルサーラだったわけです。今でもいくつかの醸造所で、マルサーラ酒の酒造工程を見学することができます。

最初のイギリス人ジョン・ウッドハウスがマルサーラにやって来たのは一七七三年ごろのこと。その後前記のインガム家、ホイットカー家が酒造を始め、地元のフローリオ家が参入し、かくしてマルサーラはシチリアの酒と薔薇の日々、つまりベル・エポックを準備したのでした。

マルサーラ酒以外にも、たとえばオレンジ、ベルガモットなどの柑橘類からエッセンシャルオイルを抽出して大儲けをしたメッシーナのサンダーソン家は、ナポレオン戦争後もシチリアに残ったイギリス人将校を祖にしています。そのほかにも有名無名数々のイギリス人が活動し、彼等がその後の社交界の発展にも寄与したのです。

「フローリオ家の世紀」とも形容できる当時のパレルモの社交界ですが、そのフローリオ家もイギリス、それもイギリス王家と深い親交がありました。典型的な新興ブルジョワジーであるフローリオ家は、マルサーラ酒の最大の醸造元でしたが、酒だけ売って世紀の大富豪になれるはずがありません。フローリオ家が大きくなったのは、ひとえに海運会社を持っていたおかげで、通常の海運業のほかにもアフリカへの軍事物資を輸送するなど、しっかりイタリア帝国主義のお先棒を担いで富を蓄えていったのです。

やることが派手だといったら、当時のフローリオ家の右に出るものはいません。パレルモにはすでにマッシモ劇場、ポリテアーマ劇場と二つの超大型歌劇場があったにもかかわらず、それでも足りないからと自費でビオンディ劇場を作ってしまったのも、フローリオ一族でした。「タルガ・フローリオ」という自動車レースの名を耳にしたことがあるかもしれません。自動車好きなら誰もが知っているイタリアで最初の自動車レースですが、この家名を冠したレースを一九〇六年にマドーニエ山系で始めたのも、また彼等です。

そのフローリオ家の美貌の夫人フランカ・フローリオこそ、シチリアのベル・エポックの主役でした。一八七三年パレルモにヤコーナ・ディ・サン・ジュリアーノ男爵令嬢として生まれたフランカは、大富豪イグナツィオ・フローリオに嫁ぐと、その美貌と才覚をもって「世界で一番エレガントな美女」という名声を欲しいままにするのです。

彼女のほかにも、これまたマルサーラ酒で有名なホイットカー家の夫人ティナ・ホイットカーもまた、各国の王からも慕われるほどの魅力の持ち主で、彼女らを訪ねてパレルモの私邸にはイタリアのみならずイギリス、ロシア、ドイツなど、各国の王室が集います。今でもヨーロッパの王族が隣国に旅する場合、たいてい友人の私邸に滞在するそうですが、当時のシチリアでも、英国王エドワード七世夫妻はフローリオ家に、ドイツ皇帝ヴィルヘルム二世はホイットカー家に滞在するのが常でした。

華やかな社交界やリバティー様式の花が咲いたのは、何もパレルモだけではありません。タオルミーナに近いカターニアはシチリア第二の都市としてのみならず、中南部イタリア随一の工業都市となり、カターニア港はイタリア第二の港で、「南のミラノ」と呼ばれていました。パレルモ同様、新しい様式の建築物が多く作られたのもこの時期で、その中でも有名なのはマッシモ・ベッリーニ劇場。一八九〇年にカターニア出身の作曲家ベッリーニの『ノルマ』で柿落《こけら》としをされた劇場は、重要な社交場になりました。

プールつきの高級ホテルは典型的なタオルミーナのノリ。急斜面の岩山にお隣りのカステルモーラの街が見える

ところでタオルミーナですが、一八九〇年代になると、タオルミーナを訪れる著名人のリストに、ヨーロッパ各国の王室が名を連ねるようになります。一八九六年には、超豪華ヨット『ホーエンツォレルン号』でドイツ皇帝ヴィルヘルム二世夫妻がタオルミーナを訪れます。タオルミーナがいたく気に入った皇帝は、それ以来ほぼ毎年のようにタオルミーナを訪れ、第二の故郷などと、のたまっていたのだとか。一度などは皇妃抜きの一人でやって来たと思ったら、帰りにパレルモへ寄って美貌のマッザリーノ伯爵夫人のところへしっかり寄り道したりしています。わたしは、かつてドイツ史、それも「ヴィルヘルム時代」の歴史をかじっていましたが、こういうことはそのころついぞ知りませんでした。自らの不明を恥じるばかりです。

ドイツ皇帝ばかりではありません。続いてナポレオン三世の夫人ウージェニーが、また、社交界の花形フランカ・フローリオが、それぞれ自分の豪華ヨットでやってきます。この「自分の豪華ヨットで」というのが、いかにもタオルミーナらしいのですね。そのほか当時の客のリストには、イタリア王家をはじめとする国内の大貴族、イギリス、ポルトガル、シャム（タイ）の王室のほか、ロスチャイルド、モルガンなどの大富豪……。

そんな表面的な華やかさに隠れ、この時期シチリア全体は疲弊していきます。タオルミーナが栄え、豊かになっていくのに反比例して、それ以外のシチリア、とりわけ農民たちは貧困にあえぎ、その多くが移民として新大陸へ去っていきました。一八八〇年代以後とられた中央政府の工業優先政策は、自国の工業を保護するため保護関税を設け、これをきっかけにイタリアはフランスとの通商関係が悪化、つまり関税戦争に入っていきます。重要な輸出先を失ったシチリアの葡萄、柑橘類、オリーブ栽培は大打撃を受けるのです。

　皮肉なことに政府は工業とともに、国内の穀物生産の保護を目的とした穀物関税を設け、これがシチリアの中世的なラティフォンド制[※注3]だけを温存させるのです。あのマフィアと貧困の温床になった、悪名高き大土地所有制です。これに手が付けられるのは、ようやく第二次世界大戦後のことで、もはや遅きに失した感があります。

　それに加えて、一九〇八年に近隣のメッシーナを襲った大地震は一〇万人以上の死者を出し、シチリアの前途に暗い影を投げかけます。それでも表面的なお祭り騒ぎは続きます。人々は現実を直視しないまま、バブルに乗って浮かれていました。そんな空気の中で、一九一四年の七月、第一次世界大戦が勃発したのです。

　三国同盟により、ドイツ・オーストリアと同盟関係にあった大戦勃発当時のイタリアですが、ここがイタリアらしいところで開戦に際しては中立を保ち、ことの成り行きを見定めます。そうしたうえで翌年の五月には同盟を破棄し、オーストリア・ドイツに宣戦。するとタオルミーナでも、当地の恩人ゲーレング男爵はドイツ人だというだけの理由で逮捕され、もう一人の恩人フォン・グレーデンも、ほうほうの体《てい》でドイツに逃げ帰らざるをえなかったのです。

ベル・エポックの終焉です。そして第一次世界大戦が終わっても、さらには第二次世界大戦が終わっても、二度とタオルミーナに世紀末の栄光は戻ることはありませんでした。かといってタオルミーナにツーリズムがまるで戻らなかったわけではありません。むしろ今も観光客で溢れ返っています。でもその質はまるで違ってきました。上流階級がタオルミーナに戻ってこなかったかわりに、戦後、一般大衆がわんさと押し寄せてくるようになったわけです。なんと言ってもフツーの日本人たるわたしが行けるくらいですから。

つまりツーリズムの本質が変わったのでしょう。上流階級に捨てられたタオルミーナを、豊かになった一般大衆が見のがすはずはありません。戦争も終わって世の中も安定し、懐具合もよくなってくると、一般大衆にも旅行が可能な時代になりました。その先鞭をつけたのが、アメリカ人観光客。まだまだ強かったドルを後ろ盾に、彼等は世界中の観光地を席巻し始めます。特にイタリアなどは一番の人気の的。素晴らしい自然の景勝の地、それに加えてかつて王侯貴族が集ったタオルミーナは、彼等にとって憧れの地でした。

そしてイタリア人にとってのタオルミーナとは、新婚旅行のメッカ。風景が美しいことにかけてはひけをとらないし、なんとなく華やいだ響きもあります。こうなるともう大衆のツーリズムの極みです。最近のタオルミーナは大衆も大衆、修学旅行の子供たちで溢れ返るようになりました。だからイタリア人でもちょっと気の利いた人は、タオルミーナと

今でも保養地気分がただよう、優雅なタオルミーナの駅

聞くと「ふん」といった顔をするようです。タオルミーナというところ、もはやお上りさんの行くところなのでしょう。

まあ確かにばかにされてもしかたない一面もあります。スノッブはスノッブでシックではないとばかにしますし、インテリはインテリで教養のない奴が喜ぶところだ、くらいにしか考えていません。事実、もう五回以上シチリアに旅しているのに、一度もタオルミーナには行ったことがないという剛の者も知っています。

リゾート地とすると、なかなか素敵な海辺と言えなくもないけれど、トレンドに敏感な連中が喜びそうなナイト・ライフは期待できそうにもないし、透明な海を求める人は、今では南の島に行くご時世でしょう。かといってお金のない若い人にとっては、ちょっと値段が高すぎる。家族連れで行くにはいいかもしれませんが……。教養を深める旅をするなら、シラクーサに及ばないのはもちろんのこと、「何もない」と巷では言われているカターニアやメッシーナですら、タオルミーナにくらべると見るべきものが豊富です。

それでもわたしはけっこうタオルミーナ、好きです。素晴らしい感動の連続でも、かなり気の張るシチリアの一人旅。そんな旅の終わりに清潔で安全なタオルミーナに行くと、この街はそんな緊張感を解きほぐしてくれます。街を行き交う人は観光客じゃないとしたら、地元の観光業従事者。ジプシーもいなければ、目付きの悪い奴もいない。いるのは陽気なアメリカ人の団体のおじいちゃんやおばあちゃんに、ビデオを肩に掛けたまじめそうな壮年のドイツ人のカップル。だからなんとなくホッとします。

またシチリアの荒れ果てた旧市街をいやというほど見せられた目には、手入れされすぎてピカピカのタオルミーナの街は、一種の驚きでもあります。「地中海の風景に嵌《は》まってしまったドイツ」みたいな感じで……。ドイツの町並みを見ながら考えていたこと、つまり「何もこんなに磨き上げなくてもいいのに、味気ない……」という思いが次第にわき上がってくるのは、一種の小姑根性。

きれい、清潔、安全。それがタオルミーナの「売り」でしょう。かくしてタオルミーナは、シチリアのディズニー・ランドとなったのでありました。

※注1　三十年戦争／一六一八〜四八年。ドイツの新旧教諸侯間の戦争に各国が介入し、国際戦争になった。ウェストファリア条約によって終結したが、戦場となったドイツの国土を疲弊させ、その近代化の立ち遅れの原因になった。

※注2　二月革命／一八四八年二月にパリで勃発し、その結果、フランスの王政は倒れる。のみならず革命はヨーロッパ各国に飛び火して、ウィーン体制が崩壊する。

※注3　ラティフォンド制／隷属的農民の労働力に依存する大土地所有制度。シチリアではローマ植民地時代に広がり、アラブ支配期に一時解体したが、スペイン支配により再び強化され、第二次大戦後の農地改革まで続いた。

第11章　火山の島へアントネッロの絵を追って…

メッシーナ、エオーリエ諸島、チェファル

タオルミーナから一時間ほど列車で北に行くと、メッシーナに到着します。海峡の街メッシーナは、対岸にイタリア半島の爪先レッジョ・ディ・カラブリアを望む、シチリアの玄関口。本土からの列車も、フェリーに積まれてここに到着します。メッシーナ海峡に橋を架ける計画もあるそうですが、そうなれば街もいっそう活気づいてくるかもしれません。

また地震の話で本当に恐縮ですが、不幸なことにメッシーナは地震の街としても有名です。前章でも一九〇八年にメッシーナと対岸のカラブリアを襲った地震について触れましたが、有史以来この街を襲った地震はこれだけではありません。シチリア東部に居住していた先住民シカン人、シクリ人が居住地を去ったのは、地震やらエトナ山の噴火やらの自然災害のためとも考えられているほど、この近辺は自然災害の頻発地域なのです。

ゲーテがシチリアを旅したその四年前の一七八三年にも、大きな地震がこの地を襲っています。人一倍好奇心の強い彼のこと、被災者の暮らすバラックを見学にいったり、街の廃墟の様子を半日かけてゆっくりと見物したり、メッシーナでの彼はまるで地震学者です。

ゲーテによると、この地震で一万二千人の人が亡くなり、三万人が家を失いバラック住

まいを余儀なくされていました。ゲーテがメッシーナを訪れたのは、地震から四年後のこと。その時にも街の復興は一向に進んだ様子もなく、そのため人々はかえって刹那的に人生を享受する傾向があったとか。いくら頑張っても、しょせん地震で一瞬のうちにすべてが無に帰す、そんなことならおもしろおかしく暮らしたほうがいいというところでしょう。その気持ち、わかるような気もしますけどね。特にイタリアのように物事が思うように運んだ例しのない国では。

次のゲーテの記述は、まさに地震対策の基本を教えてくれるようで、至言です。

「近傍に切石がないのでこのような粗末な建て方をしたということが、そもそも町の全滅の主要な原因だということは、堅牢な建築が今もしっかりと立っているのを見てもわかる」

現代を生きるわれわれにとっても、耳の痛い言葉ではありませんか。地震前のメッシーナでは、小金持ちも見栄を張って、家のファサードだけをきらびやかに飾る風潮があったそうです。河原の石や石灰岩から練り上げた粗悪な素材の基礎の前面に、見栄えばかりはいいけれど、やたら重い岩をバーンと張り付けたのですから、そのアンバランスな素材では、地震の揺れを持ちこたえることは到底不可能。そして表だけ金ぴかの成金街は、もろくも崩れ落ちたのでした。その一方で、地震に耐え抜いた立派な建物もかなりあったのです。そういえばスペイン統治時代のメキシコのバロック教会も、最近の地震を生き残った唯一の建築物だったとか……。それに反して現代建築は音を立てて瓦解したのです。地震があるたびに、どうも世界中で同じ反省が繰り返されるようですね。

それでもなんとか復興したメッシーナは、一九〇八年またしても同規模の大地震に見舞われます。都市化が進み、人口も膨張していた今世紀の初めです。死者や被災者の数も、ゲーテの時代とはくらべものになりません。一七八三年の死者が一万二千人だったのに反し、今度の地震ではなんと十万人。なんといっても石造りの建物ですから、火災こそ出ませんが、倒壊による犠牲者の数はたいへんなもの。それでもベル・エポック真っ最中の、まだまだシチリア華やかなりしころ、なんとか復興も進みました。

本土からシチリアに渡る交通の要衝という地理的特殊性ゆえ、人々はメッシーナの街をどうしても捨てるわけにはいかないのでしょう。地震とともに生きていかねばならぬ街、メッシーナ。それが彼等の運命ならば、せめて新しい建物に、橋に、耐震基準が適用され、いつ起こるとも知れない次の地震での被害が、最小限に抑えられることを祈ってやみません。

メッシーナという街に、いったい何があるのか？「何もない」とは、とても言えません。前章でタオルミーナには「何もない」と言いきったのですが、これは一種の逆説的な表現。だから本当に「何もない」街に対しては、申し訳なくて使えません。ガイドブックを見ると、「見所はノルマン様式のドゥオーモや美術館」とあります。

一九〇八年の地震によって破壊されたドゥオーモは見事に再建され、一九三三年には、ストラスブールで作られた天文時計が鐘楼に取り付けられました。星座やカレンダーなど天文に関するモチーフの、まるでシチリアらしくない機械仕掛けの大時計。キッチュとは言いませんが、かなりのミスマッチです。まわりの風景といかにもチグハグなのも何とやら、日曜のたびに近隣から一般大衆がワンサワンサ押し寄せてきて、定時になると、鐘楼の仕掛けを見上げる仕組みになっています。だけど精一杯着飾って日曜の散歩に意気込んでやってくる人々のほうが、時計より遥かにキッチュとだけは断言できましょう。

きっとわたしがメッシーナの街をよく知らないのがいけないのでしょう。街を好きになるには、この街の空気をもっと長く吸ってみなければいけないのに……。地震後の街のあまりの惨状に、急いでナポリ行きの船を予約してしまったゲーテは、後悔しています。実はわたしにも、残念ながら先を急がねばならぬ理由があるのです。

メッシーナからフランス船に乗ってナポリに帰ってしまったゲーテに別れを告げて、わたしはもう少しシチリアの旅を続けることにしました。メッシーナで出会った一人の男の軌跡を見届ける旅に出るためです。彼の名はアントネッロ・ダ・メッシーナ。メッシーナ生まれのアントネッロ。ルネッサンス期を生きた画家で、メッシーナが生んだ唯一の有名人でもあります。

先ほど「メッシーナには何も見るものがない」と言ってしまいましたが、実はそうでも

(上)メッシーナのノルマン様式のドゥオーモと鐘楼　(左)メッシーナ名物、1933年完成の天文時計

ありませんでした。見るべきものの筆頭は、州立美術館所蔵のアントネッロ作『聖人たちに取り囲まれた聖母子像』。故郷メッシーナに残る、彼の唯一の作品です。

一四三〇年ごろにスペイン統治下のヨーロッパの最南端の島シチリアで生まれたアントネッロは、イタリア・ルネッサンスの中で、北方ルネッサンス描くところの、近代の息吹を最も感じさせる画家と言われています。近代の黎明に取り残されていたようなシチリアに、一番近代的な画家が誕生したのだから、不思議なものです。構図の調和、光と影の色使いや正確な描写力に裏付けされた油彩画を見ると、もちろん技術的な面でも彼はフランドル（フランダース）の巨匠たちに近いのですが、何よりも表面的な美を華やかに写し出すだけではなく、人間の内面を突き詰めていく精神性が、北方ルネッサンスと共通する要素なのでしょう。

アントネッロの生涯はヴァザーリの『画家列伝』にも収録されていますが、このヴァザーリという人、まるで見てきたごとく、まことしやかに嘘を書くので、全面的に信じることはできません。ヴァザーリにかかると画家はみんな男色家、そうじゃなかったら極度な女好き、浪費家あるいは病的な吝嗇家《りんしょくか》、つまりは性格破綻者となってしまうのですから……。もっとも、土星の下に生まれた、当時の紙一重（？）の芸術家たちのこと、それほど的はずれな評ではないのかもしれません。

このアントネッロもヴァザーリによると「ヴェネツィアでさんざん快楽に溺れて」いた

そうですが、その真偽のほどは定かではありません。「油彩の技法を学びにフランドルまで行った」ともありますが、のちの研究によると彼が実際にフランドルまで赴いた証拠はなく、フランドルの北方絵画の技法は、むしろナポリでの修業時代に学んだ可能性が大きいらしい。

ルネッサンスの最南端シチリアで、イタリア本土の芸術家以上にヨーロッパ的なアントネッロが突発的に生まれた理由は、どうやらその辺にありそうです。当時のナポリでは、ヤン・ファン・エイクやロヒール・ファン・デル・ウェイデンなどの北方の絵画がたいそう好まれていたそうですから。アントネッロはナポリで修業時代を送り、油絵の技法を習得したことで、かくも微妙な光と影の描き分けが可能になったのです。

ところでシチリアの絵画、とりわけルネッサンス期の絵画というと、他の時期（アラブ・ノルマン様式に代表される中世から、バロックそしてリバティー様式まで）、他の芸術領域（建築、彫刻など）にくらべて空白地帯のような気がしてなりません。パレルモにアッバテリス宮殿という後期カタロニア・ゴシック様式とルネッサンス期の混合の建物があり、そこにおさめられているフレスコ画の大作『死の凱旋』は十五世紀半ば、つまりルネッサンス期の作品。馬上の死神から放たれる矢に打たれる人々を描いたその作品は、美しい淡い色調の中にも禍々《まがまが》しさを感じさせる独特なものですが、時代はルネッサンスでもその精神はむしろゴシック的です。そうなるとシチリアにルネッサンスはなかったのか、ということにもなってしまいます。

そこでアントネッロですが、その作風はもちろんゴシックの残滓《ざんし》から完全に解放されているのみならず、イタリアらしからぬ彼の作風は、やはり北方ルネッサンスに近いのが、素人目にも顕著です。最新の油彩の技法に負うところもありますが、聖人を囲む背景に隠された謎解き的な要素などが、イタリアよりも北方のルネッサンスを感じさせるのでしょうか。たとえばアンヴァースにある『磔刑図』の背景に意味もなく描かれている動物たちは何なのかなど、そんな興味も尽きません。

彼の多くの作品がかつてドイツ人やフランドルのマイスターの作と考えられていたことからも、その傾向は容易に想像できます。ロンドンのナショナル・ギャラリーにある『書斎の聖ヒエロニムス』などは、ドイツ人画家デューラーの作と言われていたほど。少なくともわたしにはどう考えてもデューラーには見えませんけど……。彼の多くの肖像画は、彼を高く評価したヴェネツィアやミラノの貴族の注文で制作されたものだと言います。

『受胎告知』※注1というキリスト教絵画の重要なテーマがあります。ご存じのように聖母マリアが大天使ガブリエルから処女懐妊を告知される有名な場面で、さまざまな絵画の名作を生んだテーマです。でもちょっとその構図を考えてみてください。右に聖母マリア、左に大天使ガブリエル、そして白百合の花というのがお決まりなのでは？

フィレンツェの聖マルコ修道院のフラ・アンジェリコの『受胎告知』も、日本人にはお馴染みの大原美術館所蔵のエル・グレコのそれも、作風に違いこそあれ、基本的にこの構図は守っています。シラクーサにあるアントネッロの『受胎告知』も、やはり伝統的な構図を踏襲しています。

しかしパレルモのアッバテリス宮殿にある、もう一つのアントネッロの『受胎告知』は、タイトルを見なければ、これが『受胎告知』だとはとても思えません。一四七三年ごろに描かれた小さな画面にあるのは、青いマントの前を合わせる若い女の肖像だけ。彼女のまわりには、天使も百合も見当たりません。

「なんでこれが『受胎告知』なの？」

そんな疑問の次に、この絵のとんでもない独自性に気がつくはずです。それを「近代」と呼んでしまっていいのか詳しいところはわかりかねますが、確かに北方ルネッサンスの市民性に通じるところがあるようです。

受胎のお告げを聞くその瞬間の処女の驚きをあらわしているのでしょうか。お決まりの物語的な構図から完璧に脱皮したこの聖母マリアは、その驚きと当惑と喜びを、あくまでも内側へ内側へと閉じ込めていくのです。

しかしこんなにもヨーロッパ的なアントネッロの中に色濃く流れるイタリアの、そしてシチリアの香りは、拭いようがありません。ルーマニアのブカレストにある『磔刑図』の後ろに見えるメッシーナの街。そしてパレルモの『受胎告知』の聖母マリアすら、「シチリア女性の典型的な美」を表現し、美しく素朴なその面持ちはシチリアの農民の娘のようだ、と人は言います。とにかく現代でも、もっと評価されてしかるべき画家でしょう。

アントネッロの作品は、シチリア島に多く残ってはいません。地震や戦乱などによって、その多くが消失したらしいと言われています。そんな中で、彼の芸術活動の重要なジャンルであった肖像画の一つが、メッシーナから遠くないエオーリエ諸島のリパリ島に渡ったことに、わたしはなんとなく興味を覚えました。

文献によると、アントネッロはシチリアの小都市にもかなりの数の作品を残していたそうです。現在シラクーサにある『受胎告知』はモディカ県の小さな町パラッツォロ・アクレイデにあったものですし、ノートのほか、エトナ山麓の町ランダッツォ、エオーリエ諸島への船が出る港町ミラッツォにも存在したと文献にはあります。だから彼の作品がエオーリエ諸島最大の島リパリ島にあったとしても、別に不思議はないのかもしれません。『ある男の肖像』とのみ題されたその肖像画は、そのモデルや依頼主など、何もかもが不明です。初期の作品の一つと考えられていますが、それがどんな経緯でリパリ島に渡って行ったのか、それも謎に包まれたままです。リパリ島にあったというのも、かの地の薬局の主人から、十九世紀半ばにチェファルの貴族マンドラリスカ男爵が買い上げて、自分のコレクションに加えたいきさつがあったから、偶然明らかになったにすぎません。日本の古い仏像にも見られるアルカイック・スマイルとも、嘲笑とも取れる不思議な笑みを浮かべた男の絵の軌跡を追って、メッシーナからエオーリエ諸島、そして旅の最終目的地チェファルへと、旅を続けていきましょう。

『ある男の肖像』が渡ったリパリ島を擁するエオーリエ諸島には、メッシーナから三〇分ほど西へ行ったミラッツォの港から船に乗らねばなりません。一番大きいリパリ島をはじめ、ヴルカーノ、ストロンボリ、サリーナ、フィリクーディ、アリクーディ、パナレーアの七島からなる、火山島の集まりです。別名リパリ諸島とも言いますが、「エオーリエ諸島」の呼び名のほうが個人的に好きなので、こちらのほうを使わせてください。

「エオーリエ」というのは「エーオロ」つまりギリシャ神話の風の神アイオロスに由来し、「アイオロスの島々」を意味します。神話や叙事詩では、アイオロスの住む島ということになっていたからです。すでに何度も登場を願っている『オデュッセイア』ですが、この中でもエオーリエ諸島は一度ならず触れられます。ポセイドンの不興を買って故郷への海路をさまようオデュッセウスが、風の神アイオロスの住むこの島に流れ着いたというエピソード、そして海の中の火を吹く山の話など、ここもまた神話の里だったのです。

事実、今も活発な火山活動を続けるストロンボリ島の頂上から、火が消えたことはありません。地中海を航海した古代の船乗りたちにとって、この島々は格好の目印であったのでしょう。そしてここは風の神の住まいにふさわしい強風の地。風で根元の土を持っていかれて根がむき出しになっているエニシダを見たのも、またこのエオーリエ諸島です。吹きまくる風の強さを物語る光景です。

こんな神話的なエオーリエ諸島の存在、日本のみならず、外国ではあまり知られていません。きれいな海とフィッシング、シチリア本島よりしのぎやすい夏の気候、そして火山性の温泉の魅力で、イタリア人にはわりと名の知れた観光地になっているため、夏はアウトドア派の観光客でけっこうにぎわうのですが、それでもまだまだマイナーな観光地。そこがまたいいところなので、人に知れ渡ってしまうのは、残念なような、むしろこのままのエオーリエ諸島であってほしいような、そんな気もします。

ミラッツォから遠過ぎもせず近過ぎもしない快適な船旅をしてリパリ島に到着すると、意外に大きく立派な街に、まずはびっくり。小さな漁村を想像していたわたしが、きっとばかだったのでしょう。アントネッロの絵を所蔵していたくらいですから、驚くには値しないのかもしれませんが……。かつて絵を所有していた薬局が残っているわけではありませんが、予想以上に見るべきものもたくさんあります。それもこの島の歴史をひもといてみればうなずけます。

新石器時代後期にさかのぼるその歴史、シチリア本島、シリア、アナトリア、ギリシャから高度の文明を持った移民がやって来たのが始まりです。『グィダ・ロッサ・シチリア』はエオーリエ諸島の考古学時代に関して三ページ以上を費やしているほどで（ちなみにアグリジェントの古代史時代に関しては、たったの一ページ）、その重要性がうかがわれます。ギリシャ時代にはシラクーサと同盟を結び、ポエニ戦争当時はカルタゴの勢力下にあったためローマによって徹底的に破壊され、他のシチリア同様、ローマの植民地となり、寂れていったのです。

そんなリパリ島がなんとか復興するのは、ノルマン朝以降のこと。一〇八三年にシチリア伯ルッジェーロ一世によって建立されたベネディクト会の修道院がきっかけです。それに加えてカテドラルが設けられるなどして、徐々に現在の街の形を取るようになりました。しかしその後も海賊による被害、火山の噴火などに嫌気がさした住民の流出は続きます。島の経済が風前の灯だったところに降って湧いたのが、最近の観光開発の波でした。戦後に行われた組織的な発掘でリパリ島の有史以前が解明されたことも、ある種のツーリズムを島にひきつけたのです。その素晴らしい発掘物を整理し、陳列するために建てられたのが、エオーリエ考古学博物館です。最新の展示のコンセプトによるこの博物館もまた、シチリアに点在する宝石のような博物館の一つ。博物館、美術館こそが、インテリジェンスの爆発する、知られざるシチリアの一面かもしれません。

リパリ諸島の軽石の採石場。海のブルーとコントラストをなす

しかしリパリ島で一番おもしろいのは軽石の採石場かも……。観光事業が導入されるまで、軽石の採石は島の唯一の産業でありました。火山性の岩の塊に乗っているリパリ島には、やはり軽石が豊富です。溶岩がゆっくりと冷却してできるのがカターニアを飾る真っ黒な溶岩なら、ガスを多く含んだ溶岩が急速に冷やされ、ガスが抜けて多孔質の石になったのが軽石です。

エトナ近辺を彩る色が黒なら、リパリの色は軽石の白でしょう。採石場の真っ白な、まぶしい壁は、ちょっとした見ものです。かつて島が軽石の採石だけで細々と生きていたころ、この採石場で働く鉱夫たちは四〇歳まで生きられなかったのだとか。軽石を切り取る際に巻き起こる粉塵を、長年にわたってたっぷり肺に吸い込んだせいだといいます。医師が死んだ鉱夫の肺を切り開いて調べてみようとしたところ、肺は軽石の粉塵がこびりついて真っ白かつカチカチに固くなり、医師のメスの刃すら欠いてしまったとは、ある小説のくだりです。嘘か本当か知りませんが、長いこと、ここはそんな貧しい土地だったのです。

リパリ島からはエオーリエ諸島のすべての島に連絡船が出ています。さて、どの島に行き先を定めるか、思案のしどころです。

おそらく多くの人がその行き先を火山活動を続ける島に絞るに違いありません。アントネッロにかこつけてここまで来てしまったわけですが、わたしの本当の目的も実は火山だったのかもしれません。火口まで登って地獄の釜の底をのぞきたいのならヴルカーノ島、溶岩が流れ出す噴火の模様が見たいのならストロンボリ島がいいでしょう。直訳すれば「火山島」という名のヴルカーノ島は、ピクニック気分で気持ちよく登山のできる、世界でも稀有の火山です。「登山」なんていう言葉を使うのもはばかられるほど、簡単に山頂までたどり着けます。まあ標高三九一メートルなので、山頂と呼ぶほどのこともありません。まわりに常に紺碧の海を見ながらの登山は、疲れなどまるで感じさせないはずです。ヴルカーノ島の最後の噴火は一八九〇年になりますが、それ以降もさまざまな火山物質の噴出は止まず、今でも煙を吐き続けています。それでも一般の観光客の登山は制限されていないので、安心して登ってください。

エニシダの咲き乱れる道を火口のほうに近づいていくと、ある時点からまわりの風景は荒涼とした月面のそれに変わっています。風向きによっては噴煙を受けることも考えられますから、それだけはまともに吸い込まないように注意してください。砂漠のような大地に色を添える黄色い土。硫黄の色なのでしょう。リパリが白とすると、ヴルカーノのシンボルカラーは黄色かもしれません。いくら山頂付近が賽《さい》の河原のように寂しくても、まわりに見えるのは青い海とエオーリエ諸島。おまけに島の反対側のヴルカネッロ（小ヴルカーノ）との間がくびれていて、火口からヴルカネッロを見ると、まるで「ひょっこりひょうたん島」みたい。徹頭徹尾かわいい火山、ヴルカーノ島です。

ヴルカーノの火山活動は何も火口に限らず、海底を含めた島じゅうのあらゆるところで温泉やガス、治療にも使われる硫黄を含んだ泥を噴出させています。この泥が、ヴルカーノ島の観光に一役買っているのですね。たとえ医師の処方箋がなくとも、あるいは設備のあるホテルに投宿しない短い滞在でも、泥温泉は味わえます。港の側に市営の泥プールがあって、一般に公開されているからです。プールにでも行くようなつもりで利用するのがいいでしょう。リッチな気分には到底なれるはずはありませんが、まだまだそんな健康的で素朴な楽しみ方ができるのが、ヴルカーノ島のいいところなのでしょう。

ヴルカーノにくらべると、ストロンボリのほうはかなり火山らしい火山です。夜になると遥か遠くからでも見渡せるストロンボリの火は神話時代と同じく神秘的で、なんだか神

エニシダの咲き乱れるヴルカーノ島

託のようにも思えてしまいます。古代人が火山に畏敬の念を持った理由が、なんとなくわかるような気がしてくるから、また不思議……。エオーリエ諸島の中でも一番新しい火山で、いまだに活発な噴火活動を続ける唯一の島ですが、二千年前には他の島々も噴火活動をしていたとか。だからオデュッセウスがこのあたりを通った時には、いくつもの火山が同時に火を噴いていたのでしょう。きっと今以上に神秘的な光景だったはずです。

でも住むにはちょっと物騒なところかもしれません。『ストロンボリ』という映画、ご覧になったかたも多いでしょう。新婚の夫に連れてこられた夫の故郷が、このストロンボリ島で、そのあまりの後進性に愕然とし、ついには島を抜け出そうと決意する新妻がイングリット・バーグマンでした。戦後のストロンボリ島を、監督のロッセリーニは貧困と無知と、それにもかかわらず運命に弄ばれることに甘んじる土地として描いています。

イタリア南部を語る際のステレオタイプな見方で、わたしはあまり好きではありませんが、この映画はストロンボリの風景を余すところなく見せてくれました。港あたりの裾野に張りつくようにして建つ真っ白の岩石のようなアラブ風の家々、生活のすべてを無に帰す暴力的な火山活動、山頂に続く砂地、そして美しい海も。

ストロンボリも、リパリ同様、新石器時代中期から人の居住が確認されている古い町ですが、火山のせいか、ずっと人口の流出が続きました。そして今世紀の後半になってなんとか見つけた生き残り策が、観光と葡萄酒造りだったのです。マルヴァジア種の葡萄から作る黄金色の白葡萄酒は、シチリアの銘酒のひとつでしょう。

やはり美食こそが、エオーリエ諸島の隠れた一面なのかもしれません。美食といっても流行のレストランがあって、小粋な料理があってという類の美食ではなく、素材を生かした健康的な美食のことです。けっして素材の種類が豊富なわけではないのは、土地を見ればすぐにわかります。火山性の土壌のおかげで地味はけっこう豊かなのですが、急な傾斜の火山性の島にそれほどの耕地があろうはずもありません。でもエトナ同様、火山性の土壌は葡萄の栽培に適しているとかで、ストロンボリ島だけではなくサリーナ島でも葡萄の栽培は盛んです。海は海で、メカジキなどの魚の宝庫です。

ただ葡萄酒の生産量も多くないし、漁業にしても大船団を組織して、根こそぎとってしまう漁をしてはいないので、とれたもののほとんどが地元で消費されてしまいます。だからエオーリエ諸島の海の幸、山の幸を楽しみたいなら、現地まで出かけていくしかありません。またこれも楽しい。こういうのが一番のごちそうなのかもしれません。

ところで映画『ストロンボリ』で漁をしていた魚は、わたしの記憶ではメカジキではなくてマグロのほうだったような気がするのですが……。それも例のマッタンツァという囲い込み漁法で。でもマグロの漁場はパレルモ、トラパニ、マルサーラ沖。それに反してメッシーナ周辺ではメカジキのほうがよくとれるはず。大西洋から戻ってくるメカジキが産卵のためにメッシーナ海峡付近に集まるところを、一網打尽にするのだとか。確かにシチ

ヴルカーノ島の火口付近は常に噴煙が。登山の際には風向きに注意！

大クレーター付近からはエオーリエ諸島が一望

リア東部では、メカジキの料理を多く見かけるようです。メカジキを炭火でさっと焼いて、上にレモンの皮（ワックスなし）のせん切りをたっぷりかけたものを食べたのは、たしかメッシーナのことでした。

このエオーリエ諸島への旅にゲーテがいたら、どんなに喜んだことでしょうか。ヴェスヴィオとエトナにも行った〝自然科学者〟ゲーテなら、ハンマーとルーペを手に、道すがらのすべての岩石と土壌を観察し、リパリ島の軽石に、ヴルカーノ島の火口やストロンボリから流れ出る溶岩に、きっと感嘆の声を上げていたことでしょう。彼を旅の道連れにできなかったことが、つくづく残念でなりません。

十九世紀半ばのこと、自然と考古学遺跡にあふれるエオーリエ諸島に魅せられた、一人の男がいました。彼をいったいどう呼んだらいいのか？　ギリシャの壺を持ち帰ったことに関しては考古学者かもしれないし、生物を採集して標本にしたのだから生物学者かもしれない。そのうえ、絵も収集し、政治の世界にもかかわったのだから、呼び方に困ってしまいます。ディレッタントと呼ぶしかないのでしょうか。そしてわれらがアントネッロの『ある男の肖像』をリパリ島の薬局からチェファルに持ち帰ったのも、また彼でした。

彼の名はエンリーコ・ピライノ・ディ・マンドラリスカ男爵。一八〇九年にパレルモから列車で東へ一時間ほど行ったところにある港町チェファルに生まれた貴族です。壺や硬貨、鳥類、貝類の標本、そして絵画の収集のため、チェファルとリパリ、そしてミラッツオ近くの遺跡ティンダリを往復するのを常としていたのです。

彼がリパリ島で見つけたギリシャ時代の壺の充実したコレクション。ギリシャの壺というと、神話やら競技をする若者などをテーマとしたものを思い浮かべますが、ここにはほかに例のない妙な壺が一つ。『マグロ売り』と題された壺に描かれた、マグロの頭を切り落として客に売ろうとしている魚屋の泥臭い絵柄がユーモラスで、思わず笑いを誘います。いかにもシチリアらしいご当地名物を描いた壺を見つけたマンドラリスカ男爵のうれしそうな顔が目に浮かぶようです。

その他、自然科学部門のコレクションもありますが、絵画のコレクションもなかなかの充実度。その中でも一番の傑作が、アントネッロの『ある男の肖像』なのでしょう。謎の人物は今でもマンドラリスカ博物館の中の一等地を与えられ、相変わらず不可思議な笑みを訪れる人に投げかけています。

「マンドラリスカ男爵は暇な貴族なんじゃないか」と言われると、確かに金と暇があったから頻繁にエオーリエ諸島などにも出かけて収集できたことは否めませんが、この人をただのディレッタントの有閑貴族と思っては本人に気の毒というもの。軟体動物学者でもあった男爵がしたことは金にあかして集めまくるだけではなく、生物にしても考古学にしても採集した標本を集めて研究し分類するという、まさに科学者の仕事だったのです。

現在では失われたそうですが、持ち帰ったサンプルを研究し、その結果を詳細にわたって記述したカタログも作ったそうです。何も自然科学に関してだけではありません。ギリシャの壺、シチリアの古い貨幣なども体系的に研究しました。十九世紀半ばというと、まだまだ盗掘まがいの取り引きが主流だったころです。発掘品も単なる鑑賞品の域を出ていませんでした。そんな中で、それを学問的研究の対象として扱った彼の態度は貴重です。

マンドラリスカ男爵の偉かったところは、書斎にこもって、自分の研究だけに没頭できなかったその態度でしょう。十九世紀のシチリアという、体制から経済関係まで社会のすべてが変わろうとしていた激動の時代にあって、彼は外の世界を憂えずにはいられません。庶民の生活、シチリアの未来、政治などのさまざまな問題が、常に彼の心を苦しめていたのでした。両シチリア王たるスペイン・ブルボン家の恐怖政治に対して蜂起した人々を、自由主義の立場から助けたこともありますし、イタリア統一後は国会の議員に選出されます。一八六四年の死はあまりにも早すぎて、多くの人々に惜しまれました。彼の遺書にはこうあります。

「私の全財産から出る一年間の利益で、私の故郷チェファルに高等学校を創設し、維持すること」

そのほかにも女子教育のための機関や貧者の施設へ遺贈し、自邸に図書館と美術館を設立するように言い残したのです。

その遺言どおり、チェファルのカテドラーレ（大聖堂）からほど近いマンドラリスカ邸は博物館になり、マンドラリスカ文化財団として、彼の集めた絵画、考古学遺物、貝や鳥類の収集を展示しています。ここにおさめられたアントネッロの絵のためだけにチェファルを訪れる人はあとを絶ちません。一九七六年にヴィンチェンツォ・コンソロというシチリア出身の作家が、この絵をテーマに『無名の船乗りの微笑み』という作品を世に出しました。マンドラリスカ男爵の生涯を、アントネッロの絵を狂言回しにして語っている、素敵な小説です。それ以来ここを訪れるシチリア好きは、以前にも増してふえたのだとか……。この種のツーリズムの存在は、大いに歓迎したいものですね。

シチリアの生んだ知的なマンドラリスカ男爵は、近代を描いたシチリア人アントネッロの絵の中に、何か深い意味を敏感に感じ取ったのかもしれませんし、あるいはそのアルカイック・スマイルに魅せられただけなのかもしれません。いずれにしても「無名の船乗り」は、ただただ微笑むばかりです。男爵の夢見たシチリアとその後の世界のギャップを皮肉に冷笑しているとは、思いたくありません。

彼こそがこの旅の終点かと思うと、妙に感傷的になってしまいました。

ところでチェファルの街ですが、マンドラリスカ男爵とアントネッロにこだわる向き以外の一般の観光客にとっても、かなりメジャーな存在です。パレルモからの交通の便もい

左下の塔がチェファルのカテドラーレ。岩山の上はディアナ神殿

いのに、日本のガイドブックにほとんど載ってないのが不思議なくらいです。荒れ果てた男性的な景観や町並みが特徴の西部シチリアには珍しく、やさしく清潔な街なのは、多くの観光客を受け入れているうちに築かれた街のメンタリティーによるのかもしれません。ガイドブックによるとチェファルで一番の名所はマンドラリスカ博物館ではなく、アラブ・ノルマン様式のカテドラーレだとか。それにも異議をはさませないほどの素晴らしいモザイクの内陣を持つカテドラーレには、ちょっとしたエピソードがあります。

それは一一三一年のこと。南イタリア平定の旅から海路にてパレルモに帰還途中のノルマン王ルッジェーロ二世は、シチリアを目前にして嵐に遭遇し、船は難破の危機にさらされます。もう最後かと思ったその瞬間、チェファルの高くそびえる岩が視界に入るやいなや、嵐はピタリと止んでしまったのです。この奇蹟を神に感謝するため同王によって建立されたのが、このカテドラーレでした。王はこのカテドラーレに葬られること、そしてここがアルタヴィッラ家の霊廟になることを希望しましたが、意に反して王の亡骸《なきがら》はパレルモのカテドラーレに安置され、その後の王たちの廟もそこに残されてしまいました。

カテドラーレの中に入ると、華麗なモザイクがわたしたちの目を奪います。モンレアーレの大聖堂と同様の東方風のモザイクは、文明の十字路に花開いたノルマン文化そのもの。やはりチェファルはノルマン王朝の精神に貫かれた、世界の首都パレルモの延長だと、つくづく実感させられてしまいました。

ゲーテとともに来たはずが、わたしたちの旅は終わりのない円環を描いて、どうやら振り出しのパレルモに戻ってきてしまったようです。麻薬のようなシチリアの環《わ》にはまって、抜け出せなくなったのでしょうか。

でも、それでもいいか、とも思えてくるのです。しばらくはのんびりと、このままどっぷりとシチリアにはまってもいいんじゃないか、なんて……。

※注1　受胎告知／大天使ガブリエルが聖母マリアに処女懐妊を告げたこと。キリスト教美術の重要な画題の一つである。

旅の終わりに
Buon Viaggio!

「一体われわれがシチリアで見たものとては、自然の兇暴な行為や、時の根強い翻弄や、人間同士の敵対的分裂による憎悪などに対して自己を守ろうとする、人類の全然空しい努力ばかりであった。カルタゴ人、ギリシャ人、ローマ人、およびその後の他の民族は、建設してはまた破壊した。セリヌスは計画的に破壊されている。ジルジェンティの寺院を廃墟とするには二千年の歳月もなお十分でなかったが、カタニアとメッシナを破壊し去るには、数瞬間ではないとしても僅々数時間で足りたのである」

メッシーナからナポリへ向かうシチリア旅行を終えたゲーテの、旅の総括です。船酔いで悲観的になっているのでしょうか、ちょっと悲劇を誇張しすぎの感もありますが、基本的には現在のシチリアを訪ねる、誰もが抱く思いかもしれません。

マフィアを筆頭に、経済の停滞、貧困、失業、麻薬、旱魃《かんばつ》、水不足と、シチリアが解決すべき問題を挙げていったらきりがありません。かつてマンドラリスカ男爵が望んだ新しい時代がシチリアにも到来したかというと、やはりそうでもないようです。やっとのことで外国からの支配を脱し、統一イタリアに統合されても、北に搾取される構造は変わらないどころか、その傾向に拍車がかかるだけでした。

戦後も中央政界と手を結んだマフィアと、それに寄生する一部の人間だけが豊かになり、あとの大多数のシチリア人は、依然として裏切られ続けています。不況が来れば北よりも先に、まずそのあおりを受けるのは、南部開発の一環として開発された、シチリアの重工業地帯なのです。

そんな現状を鑑みるにつけ、ついつい冒頭のゲーテの意見に同調したくもなってしまいます。でもそれだけが今のシチリアではありません。それになんと言っても、これだけ文化の蓄積のある島です。今にきっと出口を見つけてくれることでしょう。

それでもシチリアへの旅は、人を幸せな気分にしてやみません。

「私はこの超古典的な土地では詩的な気分に囚われていたので、自分が経験したり、見たり、気づいたり、出くわしたりしたものを、すべてその気分に浸りながら捉えて、これを愉しい容器の中に貯えておくことができたからである」

最後はやはり、この夢見がちなゲーテの言葉で締めくくりたいと思います。

では、あなたもシチリアへ、Buon Viaggio!

シチリアをもっと知りたい人のために

シチリアを知る最良の方法は、ともかくシチリアに行ってみること。そしてシチリアを肌で感じとること……。

でも「ただただ行ってみたい」の一心で、行ったはいいけど、宝の山の前を何も知らずに通り過ぎ、帰国後にモノの本を見てから後悔する……。こんないつものパターンを打破するためにも、ここでシチリア理解に役に立ちそうな本の紹介です。

シチリアというところ、十九世紀後半から今世紀にかけて、多くの文学者を輩出しているのは前述のとおり。英文学におけるアイルランドのようなものだと思ってくださっても結構です。作品の中のシチリアを追体験するのは、シチリア理解の手がかりになるはず。

しかし残念なことに日本語への翻訳はけっして多くないうえに、文学作品を通してのシチリア理解にかかる時間と労力は膨大です。だからジュゼッペ・トマージ・ディ・ランペドゥーサ原作、ヴィスコンティ監督の映画『**山猫**』などを見るのが、簡単で（安直という意味ではない）、そしてなによりも正しいシチリア理解の早道かもしれません。同じ意味で、ピランデッロ原作、タヴィアーニ兄弟監督作品の『**カオス・シチリア物語**』なども、へたな歴史書を読むよりよほどシチリアの近代史の勉強になるのではないでしょうか。

一方、適当な日本語の解説書というのを探してみると、これがまたあるようでない。そんな中で唯一見つけた良質なシチリア紹介書は、竹山博英氏の一連の著書でしょう（『**マフィア　シチリアの名誉ある社会**』『**シチリア　神々とマフィアの島**』『**シチリアの春**』。三冊とも朝日選書収録）。真摯《しんし》な態度で対象に迫りつつ、かつフットワークのよさを感じさせる良心的な作品です。マフィアについても紋切り型のジャーナリスティックな観点を排してシチリア人の心性から説明されている点、よくあるマフィア関係書とは一線を画しているところにも好感が持てます。

本書第5章末尾で引用したピランデッロの遺書、実は竹山氏の訳を借用させていただきました。ついでと言ってはなんですが、ここで氏にお断りとお礼を述べておきたいと思います。竹山氏にはシチリア出身の作家レオナルド・シャーシャの翻訳もあります（『**真昼のふくろう**』朝日選書）。これは数少ないシチリア物の翻訳作品ですが、現在絶版なのが残念。

本書執筆に際し、シャーシャの、特に随筆集には私自身も大いにお世話になりました。本当ならこれを参考文献の筆頭に挙げたいのですが、日本語訳がないので断念せざるをえません。もっとも多くのシチリア人が言うように、シャーシャだけがシチリアではないので、ヴィンチェンツォ・コンソロなど、ほかの多くのシチリア人作家の翻訳が出版されることを願ってやみません。

最後に欧文ではありますが、どうしてもはずしたくない文献を紹介します。それはフランス人作家ドミニク・フェルナンデス著の“Le Radeau de la Gorgone”(Bernard Grasse社刊)。書名を訳せば、ゴルゴンの筏という意味です。

ツーリングクラブ・イタリアーノ出版の“Guida Rossa Sicilia”(赤いガイド・シチリア編)とともに、これは私のシチリア旅行のガイドブックでもありました。バロックのシチリアを旅するフェルナンデスの、独特な美意識に支えられた視点とコメントが楽しい一冊です。たとえ本文を読まなくても、ところどころに差し込まれた美しいモノクロ写真を見るだけでも価値のある一冊でしょう。

またゲーテの『イタリア紀行』、ホメロスの『オデュッセイア』などを旅行鞄に忍ばせ、旅行中おりにふれてページをめくってみるのも一興。いずれも岩波文庫にあります。

修道院の回廊で、あるいはギリシャ遺跡で、ゆっくりと古典を読む。こんなのが、いちばん贅沢な旅なのかもしれません。

文庫版あとがき

初版の出版から、はや四年。この文章を書きながら、今、四年の月日を思っています。シチリアの長い歴史の流れの中では、ほんのちっぽけな点に過ぎない、この四年間。しかし、縁あっていつもシチリアのことを気にかけてきたわたしにとっては、ある時は絶望し、またある時は希望を胸に、この島の行き先を見つめ続けた数年間でした。

昨年（一九九九年）の秋、一週間ほどパレルモに滞在する機会がありました。じっくり腰を落ち着けて眺める、久々のパレルモ。その圧倒的な存在感も、美しさも喧騒も、そして抱える問題の大きささすら、十年一日のごとく、良くも悪くも相変わらずでしたが、以前にくらべて、はるかに旅をしやすい街になっていたことも、また事実です。

旧市街のメインストリートへの車両の乗り入れは規制され、マッシモ劇場ではオペラ上演の準備が進み、開かずの教会の扉は開かれ、閉め切ったまま半ば朽ち果てていた貴族の館も修復されて、一般に公開されていました。そんな変化を目の当たりにするのは、心地よい驚きでもあります。そのあたりの変化を考慮して、パレルモに限らず初版の表現を「ポジティヴ」に修正した箇所もあり、シチリアをこよなく愛するひとりとしては、なんとも嬉しい限りです。

そして今回、角川書店の今井佐智子氏のご尽力をいただき、こうして文庫版出版の運びとなりました。極東の島国で、シチリアに、ポン、と肩を叩かれ後押しされた、そんな風にして生まれたのが、この本なのです。

本書は、一九九六年七月に主婦の友社より刊行された単行本『シチリア島の物語』を改題、文庫化したものです。

本作品で引用されたゲーテの文章中に、今日では差別表現として好ましくない用語が使用されていますが、作品が書かれた時代背景、および著者が差別助長の意味で使用していないことなどを考慮し、あえて原文のままといたしました。この点をご理解下さるよう、お願いいたします。

シチリア島《とう》へ！

南《みなみ》イタリアの楽園《らくえん》をめぐる旅《たび》

寺尾佐樹子《てらおさきこ》

角川文庫　11652

平成十二年九月二十五日　初版発行

発行者――角川歴彦

発行所――株式会社角川書店

東京都千代田区富士見二―十三―三

電話　編集部（〇三）三二三八―八四〇九

営業部（〇三）三二三八―八五二一

〒一〇二―八一七七

振替〇〇一三〇―九―一九五二〇八

印刷所――大日本印刷　製本所――本間製本

装幀者――杉浦康平

て 8-1　ISBN 4-04-355401-X C0195

角川文庫発刊に際して

角川源義

第二次世界大戦の敗北は、軍事力の敗北であった以上に、私たちの若い文化力の敗退であった。私たちの文化が戦争に対して如何に無力であり、単なるあだ花に過ぎなかったかを、私たちは身を以て体験し痛感した。西洋近代文化の摂取にとって、明治以後八十年の歳月は決して短かすぎたとは言えない。にもかかわらず、近代文化の伝統を確立し、自由な批判と柔軟な良識に富む文化層として自らを形成することに私たちは失敗して来た。そしてこれは、各層への文化の普及滲透を任務とする出版人の責任でもあった。

一九四五年以来、私たちは再び振出しに戻り、第一歩から踏み出すことを余儀なくされた。これは大きな不幸ではあるが、反面、これまでの混沌・未熟・歪曲の中にあった我が国の文化に秩序と確たる基礎を齎らすためには絶好の機会でもある。角川書店は、このような祖国の文化的危機にあたり、微力をも顧みず再建の礎石たるべき抱負と決意とをもって出発したが、ここに創立以来の念願を果すべく角川文庫を発刊する。これまで刊行されたあらゆる全集叢書文庫類の長所と短所とを検討し、古今東西の不朽の典籍を、良心的編集のもとに、廉価に、そして書架にふさわしい美本として、多くのひとびとに提供しようとする。しかし私たちは徒らに百科全書的な知識のジレッタントを作ることを目的とせず、あくまで祖国の文化に秩序と再建への道を示し、この文庫を角川書店の栄ある事業として、今後永久に継続発展せしめ、学芸と教養との殿堂として大成せんことを期したい。多くの読書子の愛情ある忠言と支持とによって、この希望と抱負とを完遂せしめられんことを願う。

一九四九年五月三日